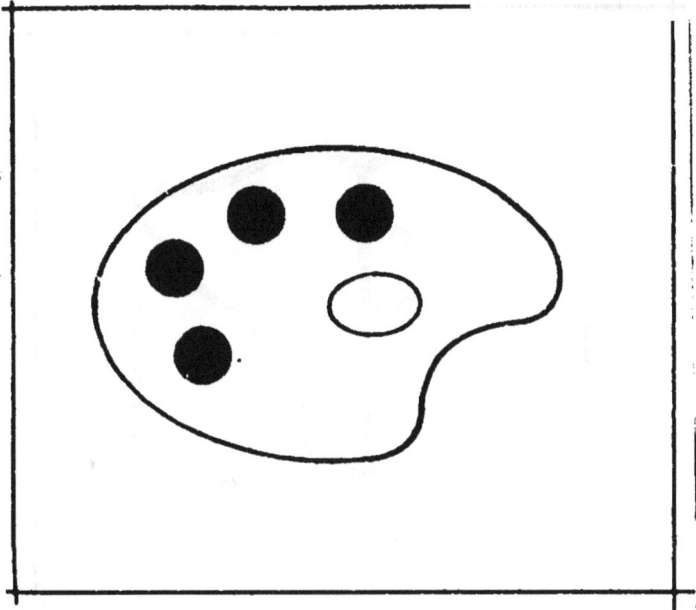

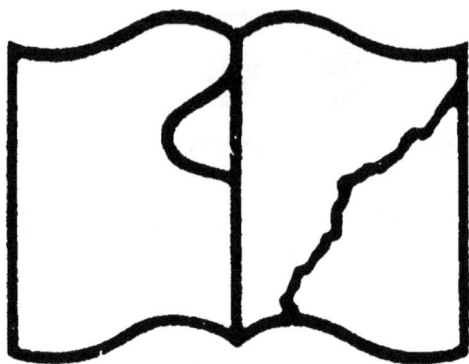

LE THÉATRE DE LILLE

AU XVIIIᵉ SIÈCLE

AUTEURS & ACTEURS

PAR

Léon LEFEBVRE

LILLE

IMPRIMERIE LEFEBVRE-DUCROCQ

—

1894

LE THÉATRE DE LILLE AU XVIIIe SIÈCLE

AUTEURS ET ACTEURS

TIRÉ A CENT EXEMPLAIRES

LE THÉATRE DE LILLE

AU XVIIIe SIÈCLE

AUTEURS & ACTEURS

PAR

Léon LEFEBVRE

LILLE
IMPRIMERIE LEFEBVRE-DUCROCQ
—
1894

LA PREMIÈRE COMÉDIE DE DANCOURT

LILLE — 1683

Les sujets de recherches ne font pas défaut à ceux qui s'intéressent aux origines du théâtre à Lille, malheureusement si parfois le fait est connu, le détail des circonstances qui l'ont accompagné manque complètement.

La présence de Dancourt à Arras et à Lille en 1683, prouvée par les deux pièces qu'il y a publiées, mérite particulièrement l'attention.

De famille noble, avocat au Parlement, titre qu'il portait encore deux ans après son entrée à la Comédie-Française, « Florent Carton, sieur d'Ancourt » épris de Thérèse de la Thorillière, fille d'un comédien de l'hôtel de Bourgogne [1],

---

1. François Le Noir, sieur de la Thorillière, était né en 1626 ; il était capitaine au régiment de Lorraine lorsqu'il embrassa la carrière du théâtre, à la suite de son mariage avec la fille d'un comédien de la troupe du Marais. Louis XIV lui donna l'autorisation d'entrer dans la même troupe qu'il quitta, dans la suite, pour celle de Molière. Celui-ci le chargea avec son camarade Varlet de la Grange, d'aller aux armées, en Flandre, présenter au roi un placet afin de pouvoir jouer *Tartuffe* : « Le lendemain 6ᵐᵉ, (août 1667) un huissier de la Cour du » Parlement est venu de la part du premier Président, M. de la Moignon, » deffendre la pièce (*Tartuffe*). Le 8ᵐᵉ, le sieur de la Thorillière et moy, De la » Grange, sommes partis de Paris en poste pour aller trouver le Roy au sujet » de la d° deffence. S. M. estoit au siège de l'Isle en Flandre, où nous fusmes » très bien receus. » (*Registre de La Grange*, p 89.) — La Thorillière mourut, le 27 juillet 1680, du chagrin que lui avait causé, dit-on, l'enlèvement de sa fille.

s'était vu refuser celle qu'il aimait ; sans plus de façons, Dancourt l'enleva, — elle avait dix-sept ans et lui dix-huit. Devant ce scandale, les parents cédèrent et le mariage eut lieu le 18 avril 1680. Légers d'argent, pleins d'illusions, avec cette insouciance que donnent la jeunesse et l'amour, tous deux se mirent à courir la province, le jeune avocat se fit comédien et, comme Molière, composa, chemin faisant, des pièces qu'il jouait. La province était alors l'école où se formaient les grands comédiens, c'était de là que le génie de Poquelin avait pris son essor; c'était en province qu'on rencontrait l'imprévu ; là, les qualités d'observateur qui distinguaient Dancourt allaient trouver l'occasion de se développer.

Le jeune couple fit partie d'une de ces troupes de campagne qui, au XVIIᵉ siècle, sillonnaient la France tant au midi qu'au nord, et dont *le Roman comique* nous a laissé le fidèle tableau. La Flandre et l'Artois, depuis la conquête, traversaient une période d'assimilation, les goûts et les mœurs, sous l'influence française, y subissaient de profonds changements ; les comédiens se dirigèrent de ce côté.

Au cours de l'année 1683, Dancourt fit imprimer, à Arras, une tragédie [1], la seule qu'il mit au théâtre, et à Lille, sa première comédie, *les Nouvellistes de Lille*, à laquelle son titre donne un cachet local particulier. On trouve déjà dans celle-ci la caractéristique de son genre, la vivacité du style, l'allure comique, l'esprit d'observation, ces qualités toutes spéciales qui le font considérer, par quelques-uns, comme un des successeurs de Molière.

---

1. *La Mort d'Hercule*, tragédie en 5 actes. Arras, Lohen, 1683.

Fait digne de remarque, ces deux pièces ne figurent dans aucune édition et n'ont jamais été réimprimées ; aucun biographe ne les cite et cependant elles ne sont pas inconnues des bibliophiles. Beauchamps, dans ses *Recherches sur les Théâtres de France* (1735), ne les mentionne pas dans sa longue liste des œuvres de Dancourt, mais il relève, à la table, le titre anonyme et tronqué des *Nouvelles de Lille* (sic).

Pour ne nous occuper que des *Nouvellistes de Lille*, l'édition en a passé, à la vente Soleinne, en 1844, où elle figure au catalogue, t. II, p. 34, sous le n° 1493, avec cinquante autres pièces de Dancourt ; le lot entier a été adjugé 30 francs... Heureux temps !

En 1878, j'en ai découvert un exemplaire à la bibliothèque de l'Arsenal. Grâce à l'obligeance de M. Edouard Thierry, j'ai pu en prendre copie, ce qui m'a permis de la communiquer à M. Houdoy, qui cite cette pièce dans ses *Imprimeurs Lillois* (1879, p. 168), comme étant le seul livre sorti des presses de Louis Bricquez [1].

L'exemplaire de la bibliothèque de l'Arsenal est un petit in-12 de 32 pages, relié en veau raciné, il porte sur la garde une note indiquant qu'il provient de la « Collection Nyon, 1771 ».

En voici la page de titre, reproduite le plus fidèlement possible :

---

1. Louis Bricquez figure dans l'enquête prescrite le 6 décembre 1700 par Louis XIV ; c'était un élève de Balthazar Lefrancq. Il n'imprimait guère que des avis, des affiches, ce qu'on nomme, en termes de typographie des *bilboquets*. Il avait 28 ans à l'époque où Dancourt lui confia son manuscrit ; il demeurait rue de Rihour.

LES
NOUVELLISTES
DE LILLE

Comédie par Mr Dancourt

A LILLE
de l'Imprimerie de Louys Bricquez
demeurant proche de la Maison de ville
à *S. Ignace* 1683.
AVEC PRIVILÈGE

Le second feuillet (p. 5) contient une sorte d'avis au lecteur que voici :

C'est plustot au libraire qu'au public que je donne cette petite comédie. Je souhaite pour son profit qu'il en débite beaucoup et qu'on ait autant de plaisir à la lire qu'on en a témoigné dans les représentations.

Au verso, la liste des rôles :

ACTEURS

Oronte, amant d'Angélique.
Crispin, valet d'Oronte.
Argante, père d'Angélique.
Angélique, maitresse d'Oronte.
Lisette, suivante d'Angélique.
Un Flamand,
Laforest, fourbe bredoüilleur, ⟩
Champagne, fourbe suisse,   ⟩ Nouvellistes.
La Montagne, fourbe,   ⟩
Un laquais,

La scène est à Lille, devant la maison d'Argante.

La dédicace occupe toute la page 7, la voici en entier :

DÉDICACE

A Monsieur le MARQUIS DE HUMIÈRES

MONSIEUR. — Rien ne vous peut faire excuser la liberté que je prends de vous présenter cette comédie, que cette même bonté que vous m'avés tant de fois et si obligeamment témoignée. Je scais bien que mettre un nom aussi grand et aussi illustre que le vostre à la teste d'un ouvrage si médiocre, c'est proprement cacher une misérable chaumière à l'abri d'un beau frontispice. Mais il me seroit impossible de vous donner jamais la moindre marque de mes respects, si je me faisois une loy de ne vous rien offrir qui ne fut digne de vous. Je me rends même assez de justice pour ne pas oser entreprendre de vous donner aucunes louanges dans cette lettre. C'est pourtant le stil ordinaire de toutes les épistres dédicatoires. Mais que pourois-je dire à vostre avantage qui ne fut beaucoup au dessoubs de ce que scait toute la France ? de cette estime que tout le monde fait de vostre courage et de vostre vertu et de cette générosité engageante qui charme les coeurs et les esprits de tous ceux qui ont l'honneur de vous approcher et enfin de toutes ces belles qualités qui vous font marcher sur les traces de Monseigneur vostre Père, et qui sans doute vous conduiront à ce haut degré de gloire où nous le volons aujourd'huy. Quoi que vous y couriez à grand pas, vous ne scauriez y parvenir aussitost que je le souhaite et quoy que beaucoup de gens fassent des voeux semblables personne ne les peut faire avec autant d'ardeur et de zèle que, Monsieur, vostre tres humble, tres obeissant et tres obligé serviteur.   DANCOURT.

Enfin la comédie commence à la page 8.

Les Nouvellistes de Lille sont écrits en vers et n'ont qu'un acte, divisé en une douzaine de scènes. En voici l'analyse aussi restreinte que possible :

Au lever du rideau, Oronte et son valet Crispin, qui tient l'office de confident, s'entretiennent des charmes de Lille. on s'y croirait au milieu de Paris. Crispin ajoute même :

> Et la pluspart des belles
> Comme à Paris, Monsieur, n'y sont pas fort cruelles.
> Les pères, les maris s'y sont apprivoisez,
> Et sur l'air de la cour se sont humanisez.

Effets de l'influence française, car la rigidité des moeurs en Flandre était très grande autrefois, mais les choses étaient bien changées depuis.

Crispin se demande quelle est la cause de l'agitation de son maître qui a quitté Paris en poste, est parti pour le camp, puis, subitement, a laissé là la guerre pour venir à Lille. Oronte lui avoue qu'il aime ; qu'un de ses amis l'a entraîné après souper rendre visite aux dames de la ville, et que l'une d'elles lui a tourné la tête.

> Il falut la quitter pour me rendre à l'armée,
> Et malgré les douleurs de mon âme charmée
> Ma gloire l'emporta sur toute mon amour.
> On a parlé de paix et je suis de retour :
> Mais qu'on ait guerre ou paix, quoy qu'on en puisse croire,
> Mon amour aujourd'hui l'emporte sur ma gloire.

C'est en vain que le valet s'évertue, Oronte, ne veut qu'Angélique dont l'amour répond au sien.

> Mais elle est sous les loix d'un père ridicule,
> D'un vieillard entesté, qui malgré qu'elle en ait,
> Lui veut faire épouser un homme qu'elle hait.

Elle a su résister, mais aujourd'hui le vieillard la garde, et il faudra toute l'adresse de Crispin pour parvenir à lui parler. D'après un billet qu'il vient de recevoir par l'entremise de la suivante Lisette, on lui apprend qu'un riche marchand d'Anvers a demandé la main de celle qu'il aime, et qu'il est temps d'agir : on lui conseille un stratagème pour arriver au but.

> Lisette vint hier me trouver sur le tard
> Et pour avoir accès au logis du vieillard,
> Entre autres beaux talens grand chercheur de nouvelles,
> Me dit qu'il en faloit débiter des plus belles,
> Qu'en cette qualité je pourrois librement
> M'approcher d'Angélique et qu'à chaque moment,
> Par quelque fourbe adroit amusant le bonhomme,
> Parlant tantost d'Alger, de Vienne ou de Rome,
> J'aurois de mon costé peut-être le loisir
> D'aborder Angélique et de l'entretenir.

CRISPIN

S'il ne tient qu'à cela votre affaire est certaine,
Je connois la moitié d'une demy douzaine
De gens comme il les faut pour un pareil dessein.

Mais il faut de l'argent. Oronte donne sa bourse, et Crispin
se sauve en lui annonçant qu'il va « voir beau jeu »

Oronte resté seul, aperçoit Argante sortir de chez lui avec
Angélique et Lisette. Le vieillard s'étonne que sa fille soit
indifférente pour un homme aussi riche que celui qu'on lui
destine, un homme qui a chez lui au moins deux tonnes d'or.

C'est un fougre d'Anvers, estimé dans la ville.
Expert dans le trafic, bon œconome, habile,
Homme veuf, il est vray, mais qui n'a pas d'enfans,
Et qui n'a tout au plus que cinquante et deux ans.

Lisette intervient et la scène prend un instant la tournure
de celle du premier acte du *Malade imaginaire*, entre Toinette
et Argan :

Que cinquante et deux ans! Comment! C'est le bel âge
Pour une jeune fille.

ARGANTE

Il n'a pas davantage.

LISETTE

Avec un tel mary, Madame, assurément
Croyez que vous aurez bien du contentement,
D'or et de patagons vous nous ferez largesse,
On vous appellera Madame la Fougresse.
Allons tost, dites ouy.

ANGÉLIQUE

Lisette, laisse moy !
Tu scais que c'est me faire une trop dure loy.

LISETTE

Votre père le veut.

ANGÉLIQUE

Que je suis malheureuse !

Après le départ d'Argante, les deux amants, réunis par
Lisette, se font l'aveu réciproque de leur amour ; le vieillard
rentre sur ces entrefaites, une « gazette » à la main ; Oronte
l'aborde, le flatte sur sa manie des nouvelles et son goût pour
les nouvellistes.

> Icy de tous costez
> On entend publier vos belles qualitez,
> Cette inclination à nulle autre seconde
> D'apprendre ce qu'on fait dans tous les coins du monde.
> Cette belle science où vous vous attachez,
> De pénétrer des rois les secrets plus cachez,
> De scavoir leurs desseins presque avec certitude....
> Que c'est pour vous, Monsieur, une agréable étude !
> Le Soleil qui voit tout ne voit rien soubs les cieux
> Que l'on puisse cacher à vos soins curieux.

Bientôt Crispin revient « déguisé en gascon, » accompagné
d'un « flamand » ; il raconte ses batailles avec les Turcs.
Le récit de son homonyme des *Folies amoureuses* a une
certaine analogie avec le sien :

> Ne pouvant plus en Flandre exercer mon grand cœur
> Je fis dessein d'aller secourir l'Empereur.
> Il en avoit besoin. Mais pour ce grand voïage
> Ne m'estant point voulu trop charger d'équipage
> Je menai seulement, outre mon escuier,
> Mon cheval, mon tailleur, avec mon cuisinier.

ARGANTE

Un tailleur avec vous ! et qu'en voullez-vous faire ?

2

CRISPIN

Vous allez voir combien il m'estoit nécessaire :
Je pars de grand matin de Lille et sur le tard
Bien lassé du chemin, j'arrive au pont à Marcq.

LE FLAMAND

Est-ce là le chemin ?

CRISPIN

Tous chemins vont à Rome.

Il raconte la bataille à laquelle il assista, les dangers qu'il
courut, les blessures qu'il reçut.

Je tuois force Turcs et... les Turcs me tuoient ;
Et même le vizir me fit mainte blessure.
Mais mon tailleur me les rentraioit à mesure.

Il entasse bourdes sur mensonges. Laforest, un nouvelliste,
survient pour raconter une nouvelle : on va faire la guerre aux
peuples de la Lune.

CRISPIN

Eh qui ?

LAFOREST

Les Espagnols.

CRISPIN

Eh oui, ce sont des gens
A prendre comme on dit la lune avec les dents.
Je ris quand je les vois, avec leurs mines rogues.
Les Anglois, n'est-ce pas ? leur fournissent des dogues
Pour aboier après cette Lune...

Le Flamand et Crispin se moquent de lui, ils feignent de
se battre et frappent sur Argante. Pendant ce temps, dans

un coin Angélique et Oronte se disent bien des choses. Un
autre coquin, Champagne, accourt pour les apaiser. Crispin
reprend son récit ; un dernier nouvelliste, La Montagne
arrive ; il tire de sa poche quelques lettres, tous se précipitent
sur lui pour les voir, tous veulent les lire.

> ...... Eh ! Messieurs, je scais lire
> Ne m'étouffez donc plus, écoutez seulement :

Il lit :

> Il court un bruit depuis hier
> Qui chagrine fort les sultanes,
> Qu'au mépris des lois ottomanes,
> Le sultan veut se marier.
> . . . . Il épouse le Prète-Jan [1].
> . . . .
> Le Mogol depuis quelques jours
> Se plaignoit fort de la colique
> Et tous ses médecins la croyant néfrétique
> Désespéroient de lui donner secours.
> Cela désoloit fort la cour et la province
> Hier au soir, encor il empira.
> Mais enfin le matin son mal se modéra,
> Il accoucha d'un fort beau prince.

Les nouvelles, toutes aussi folles et aussi fausses, se
succèdent jusqu'au moment où un laquais apporte les lettres
d'Argante. Celui-ci, après les avoir parcourues :

O disgrâce ! ô malheur !

---

1. Le « prestre Jehan » était un personnage fabuleux du moyen-âge qui, selon
les uns, aurait régné en Abyssinie et, selon d'autres, prince et pontife chrétien
nestorien, aurait été détrôné, en Tartarie, par Gengis-Khan. Ce pape-roi imaginaire a été l'objet d'une foule de légendes de discussions et de mystifications.

ANGÉLIQUE

Quoi, qu'avez-vous mon père ?

ARGANTE

Celuy que pour époux je t'avois destiné
Et pour qui si souvent tu m'as mis en furie...

ANGÉLIQUE

Hé bien !

ARGANTE

Depuis trois jours est mort d'apoplexie.

LISETTE

Le Ciel en soit loüé !

Oronte s'offre pour remplacer le défunt :

Si trois cent mille francs de bien clair et solide
Méritent que pour moy votre bonté décide,
Et pourveu qu'a nos vœux votre désir réponde,
Nous serons elle et moy les plus heureux du monde.

Devant ces arguments, et l'aveu d'Angélique, Argante cède. Oronte envoie Crispin commander le souper chez *Guespin*, le traiteur lillois à la mode, et les nouvellistes « boire bouteille ».

Dans cette comédie où selon toute apparence l'auteur tint le rôle de Crispin et sa femme celui d'Angélique, Dancourt ridiculise un travers du jour. La nouvelle à la main était alors très courue et les nouvellistes, gens de haut ton, étaient fort à la mode. Molière, par la bouche de Cléante, dépeint, dans *la Comtesse d'Escarbagnas*, cette variété de fâcheux :

.... J'ai été arrêté en chemin par un vieux importun de qualité qui m'a demandé tout exprès des nouvelles de la cour pour trouver le moyen de m'en dire des plus extravagantes qu'on puisse débiter et c'est là, comme vous savez, le fléau des petites villes que ces grands nouvellistes qui cherchent partout à répandre les contes qu'ils ramassent, etc...

Les Nouvellistes de Lille sont écrits dans l'esprit ordinaire des comédies de Dancourt. Son théâtre, dans la suite, mit d'autres caractères en jeu, d'autres ridicules en lumière : tantôt ce sont les chevaliers et les dames à la mode, les coquettes, les bourgeoises de qualité, les officiers, les aventures de garnison, autant de titres pour ses pièces ; ailleurs, il saisit l'à-propos du lieu comme le fait-divers du jour, par exemple dans *la Foire de Bezons, les Vendanges de Suresnes, le Curieux de Compiègne,* qu'il accommode en comédies ou en divertissements.

Ainsi que pour sa tragédie de *la Mort d'Hercule,* qu'il dédia à un haut personnage, le comte de Horn [1], Dancourt tint à mettre sa comédie sous la protection d'un nom respecté entre tous. Il obtint du marquis d'Humières [2], fils du gouverneur de la province, la faveur d'une dédicace.

A ce propos, une question se pose d'elle-même : avant de jouer sa pièce dans une salle de spectacles, devant un public payant, Dancourt n'en aurait-il pas offert la primeur à son protecteur, et donné une représentation dans les salons de

---

1. Philippe-Emmanuel, comte de Horn-Baucignies, fils d'Eugène-Maximilien, quoiqu'au service de l'Espagne, possédait encore, après la conquête, de grands biens en France, dont le détail se trouve consigné dans l'acte de constitution de sa dot. Parmi ces biens figurent un hôtel à Arras, des comtés, baronnies et terres en Artois, une rente de mille florins sur la ville d'Arras, etc. — Il tint campagne contre les armées de Louis XIV, dans les Pays-Bas, en Alsace et en Flandre, blessé et fait prisonnier à la bataille de Ramillies, il mourut à Bruxelles le 9 octobre 1718. Il avait épousé, en 1691, Marie Anne de Ligne. — (Goethals. *Dictionnaire généalogique etc.*, tome III).

2. Henri-Louis d'Humières était colonel du régiment qui portait son nom (d'Humières-infanterie). Le jeune marquis, quelques mois après la dédicace de Dancourt, fut tué au siège de Luxembourg, le 11 mai 1684, d'un coup de mousquet à la tête. C'était le dernier fils vivant du maréchal.

l'hôtel du Gouvernement [1] ? C'est là une hypothèse très vraisemblable.

Toutefois, il est hors de doute que *les Nouvellistes de Lille*
ont été représentés dans un lieu public, cela ressort clairement
de l'avis placé en tête de la pièce. Où eurent lieu ces représentations ? Un local réservé aux spectacles existait à l'hôtel
de ville ; « l'Opéra » y était installé dans « la grande salle du côté
de la Gouvernance ». En 1693, lors de son entrée à Lille, le
duc de Chartres, frère de Louis XIV, s'y rendit « à quatre heures
et demy, » et il résulte d'une pièce des Archives communales,
qu'en 1698, le maréchal de Boufflers insista vivement près du
Magistrat et finalement obtint que « l'Opéra », qu'on devait orga-
niser sur de nouvelles bases, « y seroit restabli. » Le concierge
de l'hôtel-de-ville, qui avait la jouissance de l'ancien théâtre,
fut informé qu'il devrait le démolir ; on lui offrit, en compen-
sation, la nouvelle salle qu'il refusa, préférant une indemnité
pécuniaire. Deux ans après cette réinstallation, le feu prenait
au palais de Rihour, à la suite d'une représentation de *Médée*,
tragédie lyrique de Charpentier.

Dancourt ne dut pas pousser bien loin ses incursions en
province, Arras dans l'Artois, Lille et peut être Douai dans
les Flandres, quelques villes des Pays-Bas, furent visitées par
lui. Ses débuts à la Comédie-Française eurent lieu en avril 1685 ;

---

1. L'hôtel du Gouvernement était situé rue de l'Abbiette, aujourd'hui rue de
Tournai. La plus grande partie de ce vaste immeuble, successivement agrandi
aux XVIe et XVIIe siècles, subsiste encore et est actuellement occupé par l'Imprimerie Lefebvre-Ducrocq. Pendant les fêtes du Centenaire, 8-10 octobre 1891,
une inscription, placée sur la façade, rappela quelques faits de l'histoire de
Lille qui se sont accomplis dans cette demeure historique.

il dût certainement à ses relations et sa parenté, la faveur d'une admission aussi rapide. La même année, il y faisait jouer la première pièce qui figure dans ses œuvres imprimées : *le Notaire obligeant ou les Fonds perdus*, comédie en trois actes, en prose. *Le Chevalier à la mode*, dû à sa collaboration avec Saint-Yon, qui parut en 1687, consacra son renom ; le succès maintint longtemps au répertoire cette comédie qui est considérée comme un chef-d'œuvre.

Dancourt avait deux filles, Manon et Mimi, qui entrèrent à la Comédie-Française et qui, comme leur mère, furent célèbres par leur talent et leur beauté. L'aînée, Manon ou plutôt Marie-Anne, née en 1684, qui avait débuté à la Comédie à l'âge de onze ans, épousa à Dunkerque un commissaire des guerres nommé Fontaine.

En 1718, Dancourt quitta le théâtre et se retira dans ses terres à Courcelles-le-Roi, en Berry. Il y vécut, après la mort de sa femme, dans des pratiques de piété, l'ancien élève du père de La Rue se réveillait en lui. Il brûla ses œuvres, composa une tragédie biblique et traduisit en vers les psaumes de David ; enfin il mourut le 6 décembre 1725 entre les bras de ses filles.

LE THÉATRE DE LILLE

de 1718 à 1723

Notre bibliothèque communale renferme de nombreuses partitions anciennes, œuvres de Colasse, Charpentier, Lulli, Destouches, Campra, Desmarets, ainsi que plusieurs livrets d'opéra, imprimés ou vendus à Lille avec le nom ou sous le couvert des libraires parisiens bien connus, Pierre et Christophe Ballard, les éditeurs de l'Académie de musique. La bibliothèque de Douai possède aussi quelques-uns de ces livrets et j'ai eu personnellement l'occasion d'en retenir, à leur passage en vente publique, un certain nombre du même genre.

Ce sont là les vestiges d'opéras français qui eurent, sur notre scène lilloise, une série de représentations, se répartissant sur une période de six années, de 1718 à 1723.

L'Opéra de Lille, comme on l'appelait alors, possédait donc à cette époque une troupe régulière, complète et bien formée, puisque, dans une seule année, 1720, dix œuvres, au moins, de nos anciens maîtres y ont été jouées.

Laissant de côté le manuscrit d'un opéra en trois actes avec prologue, représenté à Lille le 11 janvier 1713, figurant au catalogue de la bibliothèque de Pont-de-Veyle et ayant pour titre la *Parodie d'Amphitryon*, voici, par ordre de date, les titres de ces livrets :

1718

THÉSÉE, tragédie en musique, ornée d'entrées, de ballets, de machines et de changements de théâtre, représentée par l'Académie royale de musique. — (Armes de France.) — A Lille, de l'imprimerie de C.-M. Cramé, imprimeur du Roy, rue des Malades, au Compas d'Or. MDCCXVIII. — Petit in-4° de 88 pp. *(Passé en vente publique).*

—

PHAÉTON. 1718. — A Lille, chez François Malte, imprimeur sur la Grande Place, ou à l'entrée de l'Opéra. — In-12. *(Bibl. de Douai).*

—

L'EUROPE GALANTE. — Imprimé à Paris et se vend à Lille chez François Malte, imprimeur sur la Grande Place, et à la porte de l'Académie. — S. d. — In-12. *(Bibl. de Douai).*

—

AMADIS DE GRÈCE, tragédie représentée à l'Académie roiale de musique. Les paroles sont de Mʳ de la Mothe et la musique de Mʳ Destouches. — (Armes de France.) — A Lille, se vend chez François Malte, imprimeur juré sur la Grande Place, ou à l'entrée de l'Opéra. — Avec permission — S. d. — Petit in-4° de 40 pp. *(Passé en vente publique).*

Les noms des acteurs de ces trois derniers ouvrages non datés étant les mêmes que ceux des deux premiers, on peut leur attribuer le millésime de 1718. C'est sur ces données qu'ont été classés ceux qui ne portent pas de date d'impression.

—

1720

LES FÊTES DE L'AMOUR ET DE BACCHUS, pastorale représentée par l'Académie royale de musique. — (Armes de France.) — A Lille, se vend chez François Malte, imprimeur juré sur la Grande Place, ou à l'entrée de l'Opéra. — Avec permission. — S. d. — Petit in-4º de 48 pp. *(Passé en vente publique).*

—

ALCESTE OU LE TRIOMPHE D'ALCIDE, tragédie représentée à l'Académie royale de musique. — (Fleuron.) — A Lille. MDCCXX. — Petit in-4º de 60 pp. *(Passé en vente publique).*

—

ATYS, tragédie. — Imprimé à Paris et se vend à Lille, chez F. Malte, sur la Grande Place, au Bon Pasteur, et à la porte de l'Académie. — S. d. — In-4º. *(Bibl. de Douai).*

—

ROLAND, tragédie en musique. — (Monogramme.) — A Lille, se vend chez François Malte, imprimeur juré, demeurant sur la Grande Place, à l'enseigne du bon *(sic)*. — S. d. — Petit in-4º de 60 pp. *(Passé en vente publique).*

—

THÉTIS ET PÉLÉE, tragédie en musique, représentée par l'Académie royale de musique. — (Armes de France.) — A

Lille, se vend chez François Malte, imprimeur juré sur la Grande Place, ou à l'entrée de l'Opéra. — Avec permission. — S. d. — Petit in-4° de 56 pp. *(Passé en vente publique).*

—

VÉNUS ET ADONIS, tragédie représentée par l'Académie royale de musique. — (Fleuron.) — A Lille, MDCCXX. — Petit in-4° de 52 pp. *(Passé en vente publique).*

—

MARTHÉSIE, PREMIÈRE REINE DES AMAZONES, tragédie représentée par l'Académie royale de musique. — (Même fleuron que le précédent.) — A Lille, MDCCXX. — Petit in-4° de 48 pp. *(Passé en vente publique).*

—

HÉSIONE, tragédie représentée à l'Académie royale de musique. — A Lille, se vend chez François Malte, imprimeur juré sur la Grande Place, à l'enseigne du Bon Pasteur. — S. d. — Petit in-4°. *(Bibl. de Lille).*

—

IPHIGÉNIE EN TAURIDE, représentée pour la première fois par l'Académie royale de musique le mardy sixiesme jour de mai 1704. — (Marque d'imprimeur : le bon Pasteur.) — A Lille, se vend chez François Malte, imprimeur juré sur la Grande Place, ou à l'entrée de l'Opéra — Avec permission. — S. d. — Petit in-12 de 52 pp. *(Bibl. de Lille).*

—

PHILOMÈLE, tragédie, représentée par l'Académie royale de musique. — A Lille, se vend chez François Malte, imprimeur sur la Grande Place, à l'enseigne du Bon Pasteur. — S. d. — In-4°. *(Bibl. de Douai)*.

—

1723

AJAX, tragédie représentée pour la première fois par l'Académie royale de musique. — A Lille, 1723. — In-4°. *(Bibl. de Douai et de Lille)*.

—

PIRITHOUS, tragédie représentée pour la première fois par l'Académie royale de musique. — A Lille, MDCCXXIII. — Petit in-4°. *(Bibl. de Lille)*.

—

1725

LE JUGEMENT DE PARIS, pastorale heroyque représentée par l'Académie royale de musique le 26 juin 1725. — (Armes de France.) — Lille. — In-4° de 40 pp. *(Bibl. de Lille)*.

—

Plusieurs de ces livrets, ceux de *Thésée*, *Phaéton*, *l'Europe galante*, *Amadis*, parus en 1718, ceux des *Fêtes de l'Amour*, *Atys*, *Roland*, *Thétis et Pélée*, *Vénus et Adonis*, *Marthésie*, *Hésione*, *Iphigénie*, *Philomèle*, parus en 1720, *Ajax* et *Pirithoüs*, parus en 1723, portent, comme il est dit plus haut, les noms des acteurs en regard de ceux des personnages tant du prologue que de la tragédie proprement dite et du ballet.

J'y ai relevé des noms comme ceux de Mlle Dujardin, de Mlle Lambert, de Mlle Antier, de Mlle Rey, qui ont figuré dans la troupe de l'Académie de musique de Paris. La demoiselle Lambert, par exemple, qui chantait Cybèle, dans *Atys*, en 1718, à Lille, interpréta ce même rôle à Paris, le 7 février 1725 et, quelque temps après, le 12 mars, elle y chantait le rôle d'Atys, écrit pour une haute-contre et précédemment confié à un homme.

Il existe aussi, imprimés en Belgique, des livrets d'opéra de la même époque et du même genre, où se rencontrent quelques-uns des noms qui figurent sur ceux de Lille. On pourrait très bien en conclure que la troupe de Lille, de 1718 à 1723 était une troupe française d'opéra, dont les éléments varièrent, mais qui, sous la même direction, exploita tour à tour les villes de Gand, Bruxelles et Lille, et eut recours aux imprimeurs de ces villes pour y publier les paroles des ouvrages qu'elle y représentait.

Le privilége des spectacles de Lille appartenait, en 1718, à Joseph Garnier, marchand de musique établi à Lille, et à un sieur Hespel, écuyer de Mgr le prince de Tingry, « lieutenant de ses gardes et capitaine-lieutenant à la suite de Valenciennes ». Ils en avaient acquis la propriété des véritables possesseurs, par un acte passé le 14 juin 1718 à Paris, pardevant Mes Cado et son collègue, notaires au Châtelet. Ces deux associés furent autorisés, le 9 juillet 1718, par le magistrat à représenter l'opéra, « attendu que la place destinée à la représentation des spectacles est vacante ». Le directeur réel semble avoir été cependant un nommé Claude Denis, qui faisait partie de la troupe où il chantait les basses.

Le personnel lyrique se composait de 6 acteurs, 4 actrices, 2 pages, 13 choristes « hommes et filles, chantans ou dansans ».

L'orchestre exigeait au moins, outre le batteur de mesure :

3   premiers dessus de violon.
3   deuxièmes id.   id.
1   haute-contre,   id.
1   taille,   id.
1   quinte,   id.
2   basses,   id.
1   premier dessus de flûte.
1   deuxième id.   id.
1   premier dessus de hautbois.
1   deuxième id.   id.
2   bassons.
1   timbalier.

Ces éléments constituaient une troupe complète, qui pouvait, sous une habile direction, aborder toutes les œuvres lyriques jouées alors en France.

Les représentations avaient lieu dans la salle des spectacles, place de Rihour, salle inaugurée le 22 janvier 1702 et dont il subsiste encore, rue de la Vieille-Comédie, quelques vestiges. Les conditions dans lesquelles ces représentations étaient données paraîtraient impossibles aujourd'hui au dernier des directeurs : la salle, assez vaste, était éclairée à la chandelle, par douze petits lustres de bois doré; la scène était encombrée de chaque côté par des gradins qui restreignaient l'espace nécessaire au jeu des acteurs ; enfin, la disposition défectueuse des places rendait l'acoustique à peu près nulle.

Outre ces obstacles matériels, il y en avait d'autres plus graves : un procès interminable entre les divers associés commença au début de leur exploitation, c'est-à-dire dans les premiers mois de 1718; ce procès devait durer dix années, désorganisant la troupe, suspendant les représentations ; ce n'était à chaque instant que jugements, saisies ou oppositions sur les décors et les costumes, les meubles et les hardes des artistes.

A Denis succéda la demoiselle Dujardin, ancienne directrice du Théâtre de Bruxelles en 1712, qui, elle aussi, était une artiste de la troupe ; elle s'entendit en avril 1720 avec un sieur Boon, entrepreneur de comédie, pour jouer les comédies française ou italienne et « faire sauter et danser sur corde ». Ce Boon était danseur de cordes au jeu du chevalier Pellegrin en 1712; il était de belle figure et homme à bonnes fortunes. Il quitta le théâtre, devint garde de connétablie et mourut à Paris, exempt du guet, vers 1739. Il avait un frère et une sœur, tous deux danseurs [1].

L'année suivante, ce fut Mlle Fonpret, dont le mari avait exploité le Théâtre de Bruxelles de 1705 à 1706, et qui avait été précédemment à Lille, en 1708 et 1709 ; on joua exclusivement la comédie française.

L'année suivante, une troupe d'opéra lui succéda, et Mlle Louise Dimanche, avec l'agrément du magistrat, obtint la permission de continuer ses représentations après une campagne malheureuse, qui se termina par un arrangement avec ses créanciers.

---

1. Voir Campardon, *les Théâtres de la foire*, t. I.

Les embarras successifs des dernières directions, les inter-règnes, les vacances, tout cela porta une sérieuse atteinte au goût du public lillois pour les spectacles et la musique, goût qui s'était réveillé si vif avec le retour à la domination française. On déserta momentanénent le théâtre, et la directrice dut, en fin de compte et par suite du manque de spectateurs, abandonner l'entreprise.

VOLTAIRE à LILLE

Janvier et avril 1741.

———

Les divers écrivains qui ont parlé de la première représentation de *Mahomet* à Lille se sont montrés fort sobres de détails, et pour cause. Voltaire s'est chargé du soin de nous laisser l'historique de sa tragédie ; autrement, il est probable qu'il ne serait plus question d'un fait qui fut, en son temps, un grand événement littéraire.

Du reste, le souvenir en est resté chez nos concitoyens : dans la séance solennelle du 24 décembre 1893, M. Danel, président de la Société des Sciences, a rappelé, en ces termes, une ancienne tradition de famille : « Monsieur de Voltaire, comme on l'appelait, ne perdait pas son temps pendant son exil chez nous. Il fréquentait les librairies, il allait souvent à la boutique de Florent Jacqué (située sur la Petite-Place), il y avait même un banc, banc devenu historique, où il prenait séance, et là, il était entouré d'une petite cour. Les méchants prétendent qu'il n'était pas insensible aux charmes et aux beaux yeux de Mme Jacqué qui, selon l'habitude de nos arrière-grand'mères, tenait le comptoir et la boutique de son mari. »

C'est peut-être cette légende, à une époque où le libéralisme emplissait le cœur du bourgeois de Lille et où il était de mode de se dire voltairien, qui contribua à doter une voie publique de Lille du nom de Voltaire. Un arrêté du 17 février 1831 débaptisa la rue d'Angoulême déjà dépouillée, depuis la Restauration, de son nom pittoresque de rue des Trois-Anguilles.

On trouve dans la volumineuse correspondance de Voltaire, de 1739 à 1742, de nombreux renseignements sur *Mahomet*, sur les voyages à Lille, les entrevues avec l'entrepreneur des spectacles, la mise à la scène et, enfin, les représentations à la Comédie et à l'Intendance. Signalons encore quelques autographes, une plaquette anonyme très rare, *Lettre d'un comédien de Lille, etc.*, dont il sera parlé plus loin et, sans y insister, le titre d'un vaudeville de Dumersan, *l'Habit de Voltaire ou Voltaire à Lille*, dont seules les parties d'accompagnement existent à la bibliothèque de Lille. Voilà à peu près tout ce que possède à son actif cet événement dont on a souvent parlé, et qui eut, en avril 1878, un regain d'actualité par suite d'une polémique dans la presse lilloise à propos du centenaire de la mort du philosophe.

Malgré cette pénurie de documents, j'ai tenté quelques recherches touchant cette célèbre tragédie et la troupe qui l'interpréta d'original sur notre scène.

———

I.

Voltaire et sa pièce.

Beaucoup connaissent *Mahomet*, bien peu l'ont lu : c'est une tragédie plutôt philosophique qu'historique, quoique Voltaire lui donnât ces deux noms. L'auteur, dont le but avait été d'attaquer la superstition, de flageller le fanatisme, commença par accommoder l'histoire à sa guise. Malgré le mal qu'il se donna pour ne pas en avoir l'air, ce n'était pas contre l'islamisme qu'il dirigeait ses traits. Chesterfield écrivait à Crébillon fils : « J'ai d'abord vu qu'il en voulait à Jésus-Christ, sous le caractère de Mahomet », et La Harpe prétendait qu'en société Voltaire se vantait souvent d'avoir pu rendre, grâce à *Mahomet*, le christianisme odieux. C'était bien là aussi le but que se proposaient ceux qui, aux mauvaises heures de la Révolution, forcèrent les directeurs de théâtre à reprendre cette pièce et à la maintenir au répertoire. De nos jours, on a tenu à imiter ces modèles et pour célébrer l'anniversaire de la mort de Voltaire en 1885, on décida l'exhumation de cette œuvre oubliée. Retardée jusqu'au 16 mars, la manifestation fit long feu, on joua *Mahomet* cinq fois, à l'Odéon, dont trois en matinée, sans bruit et sans succès. Les critiques trouvèrent que leurs devanciers n'avaient rien exagéré en qualifiant cette pièce de « chef-d'œuvre d'invraisemblance, » ils y relevèrent à leur tour une passion fausse ou exagérée, un style négligé et faible, et conclurent, eux aussi, qu'un dialogue mouvementé et une action précipitée ne suffisent pas à soutenir l'intérêt au théâtre.

Et pourtant *Mahomet* a été proclamé chef-d'œuvre par l'auteur lui-même, d'abord, puis par ses amis : d'Argental, Frédéric II, Helvétius, de Lauraguais, d'Alembert et les encyclopédistes, auxquels se joignirent des admirateurs plus ou moins convaincus comme Condorcet, Ducis et La Harpe.

Dès 1738, dans l'agréable retraite de Cirey « entouré de sphères et de compas », près de M⁰⁰ du Châtelet qui l'aidait de ses conseils et de ses lumières¹, Voltaire travaillait à sa tragédie en même temps que, de son côté, un comédien de province, Charles Sauvé de La Noue, du théâtre de Strasbourg, en composait une qu'il intitulait *Mahomet II*.

Impatient de connaître une pièce dont le nom du héros ressemblait au sien, Voltaire écrivait (7 mars 1739) à son ami Cideville, à qui l'œuvre nouvelle était dédiée : « Embrassez pour moi mon confrère La Noue ; on dit que sa pièce est excellente.... Si vous pouviez l'engager à l'envoyer à l'abbé Moussinot, cloître St-Merry, par le coche, je l'aurais au bout de sept jours. » Il s'informait, en même temps, auprès de l'éditeur Prault s'il publiait *Mahomet II*, qu'il recevait de l'auteur lui-même peu de temps après : lettre de remerciement

---

1. Voici une anecdote peu connue sur la nature des conseils littéraires que la belle Uranie pouvait donner au poète-philosophe. On raconte qu'un jour, voyant une épître qu'il adressait au roi de Prusse, dans laquelle on lisait ces vers :

Songez que les boulets ne vous épargnent guère,
Que du plomb dans un tube entassé par des sots,
Peut casser aisément la tête d'un héros,
Lorsque multipliant *son poids par sa vitesse,*
Il fend l'air qui résiste, et pousse autant qu'il presse,

elle prit sa plume, et écrivit de sa main, *par le carré de sa vitesse.* Voltaire eut beau dire que le vers serait trop long; elle répondit qu'il fallait toujours être de l'avis de Leibnitz en vers ainsi qu'en prose, et qu'on ne devait point songer à la mesure des vers, mais bien à *celle des forces vives.*

du 3 avril où sont taxés de génie les vers du comédien, « vers nobles, pleins d'harmonie et de pensée. » Vulgaire politesse, dira-t-on, dont on se montre prodigue d'ordinaire; non pas, la veille, mêmes éloges dans une lettre adressée à d'Argental, à qui il ne cache plus le titre de sa tragédie en préparation : « Que diriez-vous si je vous envoyais bientôt *Mahomet Ier* ? »

Un moment Voltaire songea à changer son titre : « Aussi bien Mahomet n'est pas le rôle intéressant », écrivait-il à Mlle Quinault, en même temps qu'il lui annonce un cinquième acte et la refonte des autres. Le 19 avril, des copies étaient envoyées à d'Argental et au prince Frédéric de Prusse [1], qui répondait par une épître moitié prose, moitié vers :

Au fond de la Lithuanie
J'ai vu paraître tout brillant
Ce rayon de votre génie
Qui confond dans la tragédie
Le fanatisme en se jouant.

---

1. Le prince royal de Prusse, ne fut proclamé roi qu'en mai 1740. Ses relations avec Voltaire avaient commencé en août 1736 : « Je ne laissai pas de me sentir attaché à lui, car il avait de l'esprit et des grâces et, de plus, il était roi... Celui-là me flattait des pieds à la tête, tandis que d'autres gredins me diffamaient à Paris. » Ce fut d'abord un échange très suivi de vers, d'épîtres, de compliments et de galanteries. Après son avènement au trône, Frédéric vint incognito à Strasbourg et se proposait d'aller, de là, à Bruxelles visiter Voltaire, mais il tomba malade dans un château, près de Clèves. Le philosophe, prévenu de ce contretemps, se rendit près du « Salomon du Nord » pour lui présenter « ses profonds respects. » Il le trouva au lit, dévoré par la fièvre : « J'aperçus dans un cabinet, à la lueur d'une bougie, un petit grabat de deux pieds et demi de large, sur lequel était un petit homme affublé d'une robe de chambre de gros drap bleu : c'était le roi qui suait et qui tremblait sous une méchante couverture dans un accès de fièvre violente. Je lui fis la révérence et commençai la connaissance par lui tâter le pouls, comme si j'avais été son premier médecin. » Le roi avait autour de lui plus de savants et de littérateurs que d'aides de camp. Après trois ou quatre jours passés en sa compagnie (du 11 au 15 sept. 1740), Voltaire se rendit en Hollande et revint à Berlin où il trouva Frédéric II préparant la campagne de Silésie.

Dans une lettre du 2 novembre, l'auteur pensant à sa dédicace, disait à son royal correspondant : « Voilà la première
tragédie où on ait attaqué la superstition, je voudrais qu'elle
pût être assez bonne pour être dédiée à celui de tous les
princes qui distingue le mieux le culte de l'Être infiniment
bon et l'infiniment détestable fanatisme. »

Il est aussi question de *Mahomet* dans la correspondance
échangée avec d'Argental, Helvétius, Pont-de-Veyle, Cideville,
La Noue et Mlle Quinault. Voltaire qui préparait une autre
tragédie dont il destinait le principal rôle à cette comédienne, lui écrivait: « *Zulime* est la pièce des femmes, tandis que
Mahomet est celle des hommes... Ce Mahomet n'est pas,
comme vous croyez bien, le Mahomet II qui coupe la tête à sa
bien-aimée, c'est Mahomet le fanatique, le cruel, le fourbe, et
la honte des hommes, le grand, qui de garçon marchand devint
prophète, législateur et monarque. » Enfin, en juillet 1740,
l'œuvre est terminée : après des changements importants,
l'auteur écrit à d'Argental (le 12) que *Mahomet* sera sans
aucune comparaison, ce qu'il aura fait de mieux et, six mois
après (28 janvier 1741), il lui en adresse encore une copie;
même envoi à Cideville.

Entre temps, Voltaire avait fait la connaissance de Frédéric II
et avait accepté d'aller à La Haye, dans le but de retirer
des mains de l'éditeur Van Durren, l'*Anti-Machiavel* [1], œuvre
du prince royal, dont les théories étaient en contradiction

---

1. Frédéric avait autrefois adressé le manuscrit de son *Anti-Machiavel* à
Voltaire, afin qu'il le corrigeât et le fit imprimer. Celui-ci l'avait confié à un libraire
de Hollande : « le plus insigne fripon de son espèce. » Dans cet ouvrage, le prince
royal louait la modération, la justice, et regardait toute usurpation comme un
crime.

llagrante avec les actes du nouveau roi. Cette mission diplo-
matique n'aboutit pas, « le libraire demanda tant d'argent que
le roi aima mieux être imprimé pour rien que de payer pour
l'être. »

Appelé à Bruxelles par Mme du Châtelet, qui y séjournait
pour suivre un procès important [1], c'est dans la capitale du
Brabant que Voltaire forma le projet d'un voyage à Lille, où
habitait sa nièce, Mme Denis.

Le neveu de Voltaire, Nicolas-Charles Denis, était fils
d'un doyen honoraire des huissiers du conseil d'état, il
avait épousé, en 1737, Marie-Louise Mignot, fille de Pierre
et de Catherine Arouet [2]. Chevalier de l'ordre militaire de
St-Louis et correcteur de la Chambre des comptes à Paris, il
avait remplacé, l'année précédente, M. Debuisson, commissaire
ordinaire des guerres, à Lille, fonctions équivalant à celles
d'intendant militaire de nos jours.

Le 16 janvier 1741, Voltaire faisait ses préparatifs de voyage
et écrivait à son factotum à Paris, l'abbé Moussinot, chanoine
de Saint-Merri: « Je vous supplie, mon cher abbé, de faire
l'acquisition d'un petit lustre de cristaux de Bohême, d'environ
250 livres. Je ne veux point des anciens petits cristaux, mais
de ces gros cristaux nouveaux semblables à ceux que vous
m'envoyâtes à Cirey. Je vous prie de vouloir bien faire au

---

1. Ce procès avec la maison de Honsbrouck, au sujet de la succession d'un oncle,
gros héritage à recueillir, ne se termina à l'avantage de Mme du Châtelet qu'en
1741. Voltaire dit que ce procès durait depuis soixante ans, qu'il ruinait les deux
familles, et qu'il eut le bonheur de faire avoir à Mme du Châtelet 220,000 livres
argent comptant, moyennant quoi tout fut terminé.

2. Voltaire écrivait un jour à Thieriot, que toute son ambition pour sa nièce
était de l'unir à quelque bon gentilhomme de campagne, ayant un modeste revenu
de sept à huit mille livres de rente.

plus tôt cette petite acquisition et de l'envoyer, bien encaissée et garantie par le marchand, à M. Denis, à Lille, commissaire des guerres, avec un petit mot d'avis. Ne manquez pas d'ajouter le cordon de soie, la houppe et jusqu'au crampon. Payez le port et que la galanterie soit complète... »

Vers le 20, Voltaire arriva à Lille. Le but principal de ce premier voyage, projeté depuis longtemps [1], était de voir La Noue, qui de « directeur de la Comédie de Douai » quelques mois avant, était passé « entrepreneur de spectacle à Lille ». On s'entendit pour la mise à l'étude de *Mahomet*, la distribution des rôles et l'époque de la première représentation. Il fut parlé aussi de la troupe française pour la cour de Berlin, dont La Noue avait accepté de constituer les éléments et dont la formation avait éprouvé déjà des retards et des traverses.

A son retour à Bruxelles (28 janvier) Voltaire s'empressa de donner à Frédéric II des nouvelles de cette troupe, en même temps qu'il lui parla de son voyage à Lille : « J'y vis un opéra français assez passable pour Votre Majesté; elle remarquera seulement si une nation qui a des opéras dans ses places frontières n'est pas faite pour la joie... » Puis il écrit à Cideville : « La Noue vous aura sans doute mandé que nos deux *Mahomet* se sont embrassés à Lille. Je lui lis le mien, il en parut assez content; mais moi, je ne le fus pas et je ne le serai que quand vous l'aurez lu à tête reposée... »

De plus en plus préoccupé de sa tragédie, Voltaire se remet au travail, consulte de nouveau ses amis. Il envoie à d'Argental

---

1. Six mois avant, le 20 août 1740, il écrivait à La l'oue, qu'il espérait bien l'entendre avant le premier septembre.

(13 mars) un exemplaire manuscrit, le priant en grâce de le lire : « Je l'ai remanié, corrigé, repoli de mon mieux. Il est nécessaire qu'il soit entre vos mains avant Pâques, si mon conseil ordonne qu'il soit joué cette année... » Le même jour, il sollicite le jugement de Cideville : « Malgré les voyages, la mauvaise santé, j'ai voulu rendre *Mahomet* digne de vous être envoyé, je l'ai remanié, refondu, repoli depuis le mois de janvier. J'y suis encore, je le quitte pour vous écrire. Enfin je veux que vous le lisiez tel qu'il est, je veux que vous ayez mes prémices et que vous me jugiez en premier et dernier ressort.... » Puis (le 15) c'est au président Hénault qu'il a recours.

L'époque de la représentation restait à fixer : « J'envoie par cette poste les deux derniers actes à M. de Pont de Veyle. Si j'en étais cru, on jouerait *Mahomet* ce carême, après avoir joué quelques pièces tendres pour varier.... Quand *Mahomet* ne serait joué que sept fois en carême, je le ferais imprimer.. » Une lettre à d'Argental donne la raison de ce choix : « Trouvez-vous enfin *Mahomet* jouable ? En ce cas, je crois qu'il faut le donner le lendemain des Cendres. C'est une vraie pièce de carême. Du reste, ce qui peut frapper dans cette pièce ira plus à l'esprit qu'au cœur. Il y a peu de larmes à espérer, à moins que Séide et Palmyre se surpassent. L'impression que fait la terreur est plus passagère que celle de la pitié, le succès plus douteux; aussi, j'aimerais mieux que *Mahomet* fût livré aux représentations de carême. On peut, après le petit nombre de représentations que ce temps permet, la retirer avec honneur; mais après Pâques nous manquerons de prétexte.... »

Ce ne fut cependant pas en carême qu'eurent lieu les repré-

5

sentations. En 1741, Pâques tomba le 2 avril ; le 3, rendez-
vous était donné à Lille à Helvétius : « Nous y ferons jouer
Mahomet ; La Noue le jouera et vous le jugerez.... » enfin ;
le 24, Mme du Châtelet informait M. de Rochefort qu'on était
« dans l'attente de *Mahomet*. »

Deux jours après, Voltaire, accompagné de la marquise du
Châtelet, arrivait à Lille et descendait chez le commissaire des
guerres, rue Royale.

Le mercredi 26 avril [1] eut lieu à la Salle des spectacles, rue
de la Comédie, la première de *Mahomet*. On en donna quatre
représentations consécutives, du 26 au 29 : trois à la Comédie,
et la quatrième chez M. de la Grandville, à l'hôtel de l'Intendance, rue Française (actuellement le Quartier-Général, rue
Négrier). A cette dernière assistaient des personnages de
haut rang, ainsi que des membres du clergé, chanoines de
St-Pierre et autres, qui avaient manifesté le désir de voir
la pièce.

Nous trouvons quelques détails sur les incidents qui signa-
lèrent ces représentations dans les lettres des deux voyageurs
et dans l'avis publié en tête de l'édition de 1742, avis qui, d'après
l'opinion générale, passe pour être de Voltaire lui-même.
« J'étais à Lille en 1741, quand M. de Voltaire y vint passer

---

1. A défaut de date précise indiquée par Voltaire, voici sur quelle base on peut fixer au 26 avril 1741, la première représentation de *Mahomet*. En admettant que les deux voyageurs aient quitté Bruxelles le 24, date d'une lettre de Mme du Châtelet, et comme il fallait alors un jour et demi pour faire la route, ils ne pouvaient arriver à Lille que dans la nuit du 25 au plus tôt ou dans la matinée du 26. — La quatrième représentation n'a pu être donnée que le samedi 29. Voltaire écrivant de Bruxelles le 2 mai, les hôtes de Mme Denis ont donc dû quitter Lille le 30, un dimanche, pour arriver à Bruxelles le 1er mai dans la journée ou dans la nuit du 2.

quelques jours ; il y avait la meilleure troupe d'acteurs qui ait jamais été en province. Elle représenta *Mahomet* d'une manière qui satisfit beaucoup une très nombreuse assemblée ; le gouverneur de la province et l'intendant y assistèrent plusieurs fois. On trouva que cette pièce était d'un goût si nouveau et ce sujet si délicat parut traité avec tant de sagesse que plusieurs prélats voulurent en voir une représentation par les mêmes acteurs dans une maison particulière. Ils en jugèrent comme le public... » Mme du Châtelet mandait de Bruxelles (2 et 12 mai) à d'Argental : « Je vous ai rendu compte de *Mahomet* ; nous l'avons revu deux fois et il m'a toujours fait le même effet. C'est ce que nous avons au théâtre de plus véritablement tragique. Mon avis serait que La Noue le jouât à Paris, si le public peut s'accoutumer à sa figure qui ressemble un peu à celle d'un singe. C'est le meilleur acteur que l'on puisse voir. Ah ! mon cher ami, que je vous ai regretté et désiré ! Que vous auriez pleuré et que vous auriez eu de plaisir ! Nous avons emporté la pièce et les rôles : M. de Voltaire est décidé à ne la point faire imprimer qu'elle n'ait été jouée à Paris.... La nouvelle de Lille est si vraie que nous pensâmes exciter une émeute dans le parterre, parce que nous balancions à accorder la troisième représentation... »

De son côté, Voltaire écrivait, le 5 mai 1741 : « Pour moi, je vous dois un peu de détails sur la journée de Lille, car c'est à mes souverains que j'écris et il faut leur rendre compte des opérations de la campagne. On n'a pas pu refuser quatre représentations aux empressements de la ville et de ces quatre il y en a eu une chez l'intendant en faveur du clergé, qui a voulu voir un fondateur de religion. Vous croyez peut-être

que je blasphème, quand je dis que La Noue avec sa figure de
singe a joué le rôle de Mahomet mieux que l'eût fait Dufresne.
Cela n'est pas vraisemblable, mais cela est très vrai. Le petit
Baron s'est tellement perfectionné depuis la première repré-
séntation, il a eu un jeu si naturel, des mouvements si
passionnés, si vrais et si tendres, qu'il faisait pleurer tout le
monde comme on saigne du nez. C'est une chose bien
singulière qu'une pièce nouvelle soit jouée en province de
façon à me faire désespérer qu'elle puisse avoir le même
succès à Paris. Mon sort d'ailleurs a toujours été d'être
persécuté dans cette capitale et de trouver ailleurs plus
de justice... »

Toutes ces belles phrases n'étaient pas exemptes de sous-
entendus, citons seulement ces lignes adressées le 27 mai à
Cideville : « J'ai essayé comme vous savez, la pièce à Lille.
La Noue ne s'en est pas mal trouvé, mais je ne regarde
le jugement de Lille que comme une sentence de juges
inférieurs qui pourrait bien être cassée à votre tribunal... »

Pendant son séjour à Lille, Voltaire reçut de Frédéric II
une lettre (Olau 6 avril) lui annonçant le résultat de la bataille
de Molwitz gagnée contre les troupes de Marie-Thérèse, lettre
accompagnée « d'une demi-douzaine de stances dont quelques-
unes ont l'air d'avoir été faites à Paris par les gens du métier »
et à laquelle il répondit en ces termes (5 mai) : «... J'ai bien de
l'impatience de dédier *Mahomet* à cette adorable Majesté. Je l'ai
fait jouer à Lille et il a été mieux joué qu'il ne l'eût été à Paris ;
mais quelque émotion qu'il ait causé, cette émotion n'approche
pas de celle que ressent mon cœur en voyant tout ce que vous
faites d'héroïque...» Et le roi de Prusse accepta le compliment,
lui qui s'était enfui à douze lieues du champ de bataille,

après la déroute de sa cavalerie, abandonnant le savant Maupertuis, qui fut fait prisonnier à sa place [1].

Malgré le succès complet de sa tragédie sur la scène lilloise, Voltaire hésitait encore à la livrer à l'imprimeur et, sur les conseils de d'Argental, il en remit l'impression après la réception à la Comédie-Française. « Mes saints anges sauront que j'obéis de tout mon cœur à leurs ordres de ne point imprimer notre prophète. J'attendrai qu'ils mettent *Mahomet* sur les tréteaux de Paris. »

Aussitôt son retour à Bruxelles, dès le 2, un des premiers soins de Voltaire fut de remercier ses hôtes de Lille de leur accueil et de leur hospitalité. A cet effet, il chargea l'abbé Moussinot de lui chercher un cadeau pour sa nièce : « Quand vous serez de loisir, mon cher abbé, si vous trouvez quelque joli paravent à feuilles qu'on met devant les cheminées et dont les feuilles se lèvent et se baissent, ayez la bonté de l'acheter pour Mme Denis et de l'envoyer franc de port, comme le lustre. Cela doit exister entre trois et quatre louis. Ces paravents sont hauts de trois pieds et demi plus ou moins, et sans doute vous les connaissez... »

Trois années après, l'acte suivant prenait sa place au registre aux décès de la paroisse St-André :

Le treize avril 1744 Nicolas Charles Denis, escuyer, chevalier de l'ordre royal militaire de St-Louis, conseiller correcteur de la chambre des comptes de Paris, commissaire ordinaire des guerres, espoux de dame Marie Louise Mignot a esté inhumé dans le chœur

---

1. Ce n'est que le lendemain, au moment où il désespérait de rentrer sain et sauf dans ses états, par la Pologne, qu'un de ses aides de camp, pût le rejoindre et lui annoncer que la bataille était gagnée.

de cette eglise, décédé hier après avoir été administré des sacrements. Ont este presents Mʳ Louis Yon, secretaire de l'intendance de Flandres et Mʳ François Guillaume de Waignon, escuyer, sʳ de la Marlière, qui ont signé ce present acte comme temoins.

A propos de cette mort prématurée, Voltaire écrivait à l'abbé Valori, prévôt du chapitre de St-Pierre de Lille (8 mai 1744) : « Vos bontés, Monsieur, adoucissent bien la douleur que m'a causé la perte de mon cher Denis. Vous avez perdu un homme qui vous était tout dévoué et cette pauvre Mᵐᵉ Denis n'aura plus la consolation de vous voir à Lille... »

Comme le défunt était fonctionnaire de l'état, les scellés furent apposés sur les appartements de l'hôtel de la rue Royale. La levée donna lieu à un inventaire dans l'énumération des différents objets mobiliers figurent les présents de Voltaire.

Mᵐᵉ Denis devint plus tard la compagne et la confidente de son oncle. Elle avait un goût particulier pour les spectacles ; elle en donnait au château de Tournai et à celui de Ferney ou elle séjourna pendant près d'un quart de siècle. A soixante-huit ans, elle épousa un sieur Duvivier qui en comptait soixante [1]. C'est elle qui offrit en 1780, aux Comédiens français, la magnifique statue en marbre exécutée pour elle par Houdon, qu'on admire aujourd'hui encore au foyer du public de la Comédie-Française.

---

[1]. On lit dans les *Mémoires secrets* du 27 janvier 1780 : « Mᵐᵉ Denis, nièce de M. de Voltaire, vient de faire une sottise dans son genre, à peu près aussi forte que celle de la veuve de J.-J. Rousseau, elle s'est remariée à un certain M. Duvivier qui a commencé par être soldat, a été occupé ensuite en qualité de copiste à la secrétairerie du comte de Maillebois, qui lui a fait avoir une charge de commissaire des guerres des maréchaux de France.... Elle est laide, grosse comme un muid et d'une mauvaise santé.... Il est estropié d'un bras, on dit qu'il est aimable quand il veut.... Toute sa famille est furieuse, etc. »

II.

La Noue et sa troupe.

J.-B. Sauvé de La Noue
d'après une gravure placée en tête de ses œuvres.

Dans une lettre à d'Argental, Voltaire écrivait, le 5 juin 1741 : « Je doute fort qu'on trouve à la Comédie-Française quatre acteurs tels que ceux qui ont joué *Mahomet* à Lille... » Sur ces quatre acteurs, il nous en a nommé trois : La Noue, qui créa le rôle de Mahomet, Mlle Gaultier, celui de Palmyre, et « le petit Baron », Séide. Le nom du quatrième, qui joua Zopire, nous est inconnu.

Quelques mots sur ces comédiens, qui ont tenu un certain rang dans l'art dramatique français, ne seront pas hors de propos.

A tout seigneur, tout honneur. Parlons d'abord du directeur de la troupe : J.-B. Sauvé de La Noue était né à Meaux, le

20 octobre 1701. Fils d'un chaudronnier, il fut le protégé du cardinal de Berry et vint achever ses études à Paris au célèbre collége d'Harcourt. Il se destinait à l'enseignement, mais son penchant l'entraîna rapidement vers le théâtre ; à peine âgé de vingt ans, il débuta à Lyon, dans les premiers rôles. De là il gagna Strasbourg, où il fit ses premiers essais dramatiques en écrivant une comédie : *les deux Bals*, puis une tragédie : *Mahomet II*. Un accueil favorable l'engagea à présenter ses pièces à Paris : en décembre 1735, on jouait, à la Comédie-Italienne, une de ses œuvres nouvelles, *le Retour de Mars*, et la Comédie-Française donna son *Mahomet II*, le 23 février 1739. Pendant son séjour dans la capitale, il fut vivement sollicité d'entrer à la Comédie-Italienne ; il résista à ces offres flatteuses, voulant se perfectionner par des tournées en province. Associé à la direction du théâtre de Rouen, il vint à Paris recruter une troupe de comédiens, à laquelle Voltaire s'intéressa tout d'abord, car il recommande à Cideville (octobre 1739) un jeune homme « qui fait des vers et qui veut en déclamer..... Ce serait une bonne acquisition pour la troupe de La Noue. Voyez si vous pouvez le recommander. Je souhaite qu'il serve cet hiver à vos plaisirs... »

La Noue eut, l'année suivante, le privilége de la Comédie de Douai qu'il exploita seul. L'appui de chauds protecteurs près du duc de Boufflers lui fit obtenir, avec l'agréement du magistrat, l'entreprise des spectacles de Lille où il commença l'année théâtrale 1740-41.

C'est à cette époque qu'il s'occupa de former une troupe pour la cour de Frédéric II.

A ce sujet, Voltaire lui écrivait de Bruxelles, le 20

août 1740 : « Il y a longtemps, mon cher Monsieur, qu'une parfaite estime m'a rendu votre ami [1]. Cette amitié est bien fortifiée par votre lettre. Vous pensez aussi bien en prose qu'en vers et je ferai certainement usage des réflexions que vous avez bien voulu me communiquer. J'espère toujours que quand le plus grand roi de l'univers [2] sera un peu fixé dans sa capitale, il mettra la tragédie et la comédie françaises au nombre des beaux-arts qu'il fera fleurir. Il n'en protège aucun qu'il ne connaisse, il est juge éclairé du mérite de tout genre. Je crois que je ne pourrais jamais mieux le servir qu'en lui procurant un homme d'esprit et de talens, aussi estimable par son caractère que par ses ouvrages et seul capable peut-être de rendre à son art l'honneur et la considération que cet art mérite. Berlin va devenir Athènes ; je crois que le roi pensera comme Périclès et les autres Athéniens, qui honoraient le théâtre et ceux qui s'y adonnaient et qui n'étaient point assez sots pour ne pas attacher une juste estime à l'art de bien parler en public. Si je ne suis pas assez heureux pour procurer à S. M. un homme tel que vous, je suis très sûr qu'il ne vous considèrera pas seulement comme le chef d'une société destinée au plaisir, mais comme un auteur et comme un homme digne d'attention. Si les choses prennent une autre tournure, si l'amour de votre patrie vous empêche d'aller à la cour d'un roi que tous les gens de lettres veulent servir, ou si quelqu'un lui donne une autre idée, ou s'il n'a

---

1. C'était vrai ; — Voltaire avait souhaité jadis que *Mahomet II* fut dédié à M** du Châtelet. « Cela pourrait nous lier avec La Noue quand nous habiterons Paris, je sais que c'est un garçon très estimable. »
2. Il s'agit du roi de Prusse.

6

point de spectacles, je féliciterai la France de vous garder. Je me flatte que j'aurai bientôt le plaisir de vous entendre à Lille. Mandez-moi, je vous prie, si vous pourriez y être vers le 1er septembre. J'ai mes raisons et ces raisons sont princi·alement l'estime et l'amitié avec lesquelles, je compte être toute ma vie, Monsieur, votre, etc. »

Ébranlé par la brillante perspective d'être le directeur d'une troupe royale, de compter parmi cette phalange de poètes et de savants qui ornait la cour d'un prince réputé protecteur des arts, La Noue accepta et les pourparlers s'engagèrent. En octobre, Frédéric écrivait à Voltaire : « Voudriez-vous engager le comédien, auteur de *Mahomet II*, et lui enjoindre de lever une troupe en France et de l'amener à Berlin le 1er juin 1741... Il faut que la troupe soit bonne et complète pour le tragique et le comique, les premiers rôles doubles... »

Cette injonction parvint à La Noue, alors qu'il était à Lille. Il ne perdit pas de temps; en peu de jours il eut dressé un mémoire et un état de frais s'élevant à 40,000 écus. Le 22 novembre 1740, il écrivait au roi une lettre pressante par laquelle il sollicitait une réponse sans plus tarder : « L'instant est favorable pour les engagemens; il faut se hâter, car les meilleurs artistes sont toujours les plus recherchez et par conséquent les premiers engagez... » En terminant il espère que « M. de Voltaire qui est actuellement près de Sa Majesté et qui connait la coutume des comédiens de France » joindra ses instances aux siennes. Mais celui-ci ne semble pas avoir aidé « son cher confrère » sans quelque arrière pensée, à en juger par cette lettre à d'Argental : « Le roi de Prusse n'est pas content d'avoir pris la

Silésie, il me mande qu'il prend Dupré [1] et La Noue. Le héros tragique n'est pas si bien que le héros dansant et c'est faire venir un singe de loin. Mais ce singe-là joue très bien et je ne connois guère que lui qui put mettre dans notre *Mahomet* et la force et la terreur convenables. Ce qui me rassure, c'est que La Noue aime fort Mlle Gaultier et qu'on ne peut quitter ce qu'on aime pour le roi de Prusse... »

Pauvre La Noue, il travaillait pour le roi de Prusse ! A la réception du mémoire, l'affaire était déjà remise aux calendes grecques : la réforme des finances, l'augmentation de l'armée, l'invasion de la Silésie qu'il préparait depuis le mois d'octobre, tout cela occupait plus Frédéric que le sort d'une troupe de comédiens. Après un mois d'attente, l'infortuné directeur recevait un contre-ordre pur et simple ; aux abois, il écrit le 3 janvier 1741 que « les préparatifs sont tout faits, la troupe de Sa Majesté est complète et il enverra à Berlin, quand on voudra, les engagements de tous les sujets. En un mot, la troupe du roi est formée ; il ne s'agit plus que de savoir ce qu'elle deviendra. Son état, au sujet du contre-ordre qu'il a reçu, l'inquiète beaucoup moins que l'éclat horrible que va causer un tel incident. Ce n'est point ici une affaire indifférente à la représentation du roi. Toutes les gazettes ont annoncé le projet de mettre la comédie dans cette cour ; ce projet a fait en France autant de bruit que les marches de S. M. Il a quelque réputation dans sa patrie. Il a dit tout haut, il a écrit partout que S. M. avait

---

1. Dupré, célèbre danseur de l'Opéra, né en 1697. D'abord musicien de l'orchestre de Rouen, il quitta cette ville pour entrer en 1715 à l'Académie de musique, ou il resta jusqu'en 1751. Pas plus que De La Noue, Dupré n'alla à Berlin.

daignó le choisir pour le mettre à la tête de ce spectacle.
Que répondra-t-il à ceux qui demanderont les suites de sa
commission, aux protecteurs qui voulaient le retenir en
France, aux gens de lettres, ses amis qui, selon leurs diffé-
rentes impressions, le blâmaient ou lui faisaient compliment?
Ce n'est pas tout : quinze comédiens ou comédiennes pro-
duiront, en quelque lieu qu'ils aillent, un engagement formel
au service de S. M. Ces mêmes acteurs vont tous revenir
sur lui, le traduiront devant les magistrats pour se faire
tenir leur engag..ment ; il sera contraint pour sa justification
de produire ses ordres, ses lettres, et celles de M. de Voltaire
sont précises. Ne serait-ce pas exposer indécemment le nom
sacré d'un roi, dont toutes les démarches fixent aujourd'hui
les yeux de toute l'Europe? Les rois ne tirent pas toujours
toute leur réputation de la réussite de leurs grands projets,
les plus petites choses y contribuent, ... etc. »

Malgré son échec, La Noue nourrissait encore un secret
espoir. Un atermoiement n'était pas une rupture, en définitive ! Et il n'était pas le seul à s'illusionner ; à la suite de
son premier voyage à Lille, Voltaire n'écrivait-il pas à
Frédéric, le 28 janvier 1741 : « ... J'y vis aussi la comédie
de La Noue, à laquelle il comptait beaucoup réformer et
ajouter, pour la rendre digne de divertir un connaisseur tel
que mon roi. Si, après avoir donné des lois à l'Allemagne,
S. M. veut quelque jour se réjouir à Berlin (ce qui n'est pas
un mauvais parti), qu'elle en remercie la petite Gaultier. —
Pourquoi en remercier la petite Gaultier, me dira V. M. ?
— Voici le fait, sire ; c'est que La Noue, comme de raison, ne
voulait pas quitter sa maîtresse, tant qu'elle a été ou qu'elle lui
a paru fidèle, mais, depuis qu'il l'a reconnue très infidèle,

V. M. peut se flatter d'avoir La Noue. Je crois devoir envoyer les mémoires et lettres que je reçus de La Noue, lorsque je lui écrivis par ordre de V. M.; elle verra, si elle veut s'en donner la peine, qu'il demandait d'abord 40.000 écus. Ensuite, par sa lettre du 28 octobre, il s'engagea parce qu'il fut quitté de sa donzelle du 23 au 28 octobre. A présent, sire, cet amant malheureux attend vos derniers ordres, pour fournir ou ne fournir pas baladins et baladines pour les plaisirs de Berlin. Il presse beaucoup et demande des ordres positifs à cause des frais qu'un délai entraînerait ... »

Quoique jouant l'assurance, Voltaire se montrait pourtant moins optimiste, lorsqu'il disait à Thieriot : « La Noue est dans un grand embarras par rapport à une comédie dont il s'était chargé et qui est, me semble, contremandée. Il faudra des dédommagements en cas que ce spectacle n'ait pas lieu. Je suis chargé de la part de La Noue de faire ces représentations ... » — Le moment était bien choisi pour parler de dédommagements au roi de Prusse, en campagne depuis un mois.

Une diversion allait s'offrir au directeur de Lille : « Mon cher faiseur et embellisseur de *Mahomets*, j'apprends à l'instant que Paris vous désire et que MM. les ducs de Rochechouart et d'Aumont doivent vous engager, s'ils ne l'ont déjà fait, à venir dans une capitale où les grands talens doivent se rendre. Ils veulent que vous veniez avec Mlle Gaultier. Allez donc orner Paris, l'un et l'autre, et puissé-je vous y trouver bientôt... »

Si le roi de Prusse était peu préoccupé de tenir ses engagements, il n'en était pas de même de La Noue qui, pour les remplir, conservait sa troupe, prête à partir au premier appel.

Dans l'attente, il restait à Lille. Voltaire l'entretenait dans ces dispositions : « Mon cher Mahomet, mon cher Thraséas, etc. J'ai envoyé votre lettre à celui qui serait heureux s'il se bornait au plaisir que les hommes tels que vous peuvent lui donner. S'il vous connaissait, je sais bien ce qu'il ferait ou du moins ce qu'il devrait faire. Je ne doute pas que vous n'obteniez les choses très justes que vous demandez, mais en même temps je crois que vous devez entièrement vous conformer à ce que M. Algarotti vous a mandé et ne faire aucun préparatif à compter du jour de la réception de sa lettre. Vous m'avez donné une grande envie de revenir à Lille. Je ne vous ai ni assez vu ni assez entendu. J'aime en vous, l'auteur, l'acteur et surtout l'homme de bonne compagnie. Comptez que vous avez fait en moi une conquête pour la vie. Ne me retrouverai-je jamais entre le cher Cideville et vous ? *O noctes cœnœque deûm !* Je vous aimerais bien mieux là qu'à Berlin... »

Ces vœux étaient superflus. La Noue n'alla pas à Berlin. Voltaire ne revint pas à Lille. Mᵐᵉ du Châtelet n'était pas fâchée de la tournure qu'avaient prise les choses ; elle connaissait la raison du silence de Frédéric II : « Le roi de Prusse se vante d'avoir La Noue ; mais je m'en fie à son avarice pour nous le laisser. » Et, en effet, Sa Majesté faisait la sourde oreille aux réclamations du comédien et remettait l'accomplissement de ses promesses à une date problématique... après la guerre.

Avant la clôture de l'année théâtrale, en mars 1742, grâce à la protection du duc d'Aumont, premier gentilhomme de la Chambre, La Noue avait reçu son ordre de début. Le 14 mai suivant, il jouait à Fontainebleau, devant la cour, dans *le Comte d'Essex*, et entrait, le lendemain, à la Comédie-Française.

Voltaire l'en félicita chaleureusement : « Je comptais, mon cher ami, avoir un plaisir plus flatteur que celui de vous féliciter de loin sur vos succès. J'espérais que ma santé me permettrait de venir vous entendre et vous embrasser; je ne sais pas quand je partirai pour la Flandre. Il se pourra très bien que je reste assez de temps à Paris pour vous y voir ramener la foule au désert du théâtre. Je partirai content quand j'aurai vu l'honneur de notre nation rétabli par vous et par Mlle Gaultier. Vous me ferez aimer plus que jamais un art qui commençait à me devenir indifférent. Vos talens ne sont pas le seul mérite que j'aime en vous. L'auteur et l'acteur n'ont que mes applaudissements, mais l'honnête homme, l'homme d'un commerce aimable a mon cœur. Faites, je vous prie, mille compliments de ma part à Mlle Gaultier et, au nom de l'amitié, ne me traitez plus avec cérémonie. Je vous embrasse de tout mon cœur. Votre succès m'est aussi cher qu'à vous, mais j'en étais bien plus sûr que vous.. »

La Noue resta quinze ans à la Comédie-Française; il ne fit ses adieux au public qu'en 1757 [1]. Il y créa, entre autres, le rôle de Séide, dans ce même *Mahomet*, dont il avait interprété d'original, à Lille, sous les yeux et avec les conseils de l'auteur, le héros principal, quinze ans avant. Il composa plusieurs ouvrages dont un, *la Coquette corrigée*, resta au répertoire; C'est le premier auteur qui ait eu l'idée d'indiquer dans ses pièces imprimées la place des acteurs en scène.

[1]. Retiré du théâtre, il mourut à Paris, le 15 novembre 1761.

La nature s'était montrée avare envers La Noue ; Grimm
écrivait : « Figure, voix, il avait tout contre lui » et
Voltaire, qui manquait d'indulgence pour les défauts physi-
ques, donnait libre cours sur ce point, à sa verve railleuse.
Tout en rendant justice au vrai talent, il tenait particulièrement à cette épithète de « singe », dont M⁰ᵉ du Châtelet
avait gratifié, la première, le comédien de Lille : « La Noue,
malgré sa figure de singe, plut tellement .... Je sais que
La Noue a l'air d'un fils rabougri de Beaubourg, mais aussi
il joue, à mon sens, d'une manière plus forte, plus vraie et plus
tragique que Dufresne ... Je ne regrette pas Dufresne, il est
trop faible pour *Mahomet*. La Noue est très supérieur à lui
dans les rôles de ce caractère. C'est dommage qu'il ait l'air
d'un singe... » Ailleurs, il l'appelle « le lettré chinois » et
même le « magot ».

Malgré cela, dès la mise à l'étude de *Mahomet*, les rapports
entre les deux auteurs furent très cordiaux. Voltaire n'avait-il
pas accompagné l'envoi de sa pièce des vers suivants :

> Mon cher La Noue, illustre père
> De l'invincible *Mahomet*,
> Soyez le parrain d'un cadet
> Qui sans vous n'est pas fait pour plaire.
> Votre fils est un conquérant,
> Le mien a l'honneur d'être apôtre,
> Prêtre, fripon, dévôt, brigand :
> Qu'il soit le chapelain du vôtre.

L'interprétation avait satisfait l'auteur au-delà de ses espé-
rances, il avait promis à La Noue *Mérope* et *l'Enfant prodigue* ;
il lui confirma sa promesse : « Eh bien, mon cher confrère, je
ferai donc venir ce manuscrit de *l'Enfant prodigue* qui est entre
les mains des comédiens de Paris ; il est fort différent de

l'imprimé... Si nous pouvons en attendant faire un petit tour à Lille, je vous donnerai *Mérope* en cas que vous eussiez du loisir; mais, en vérité, il n'y a pas moyen de travestir Mlle Gaultier en reine douairière, elle ne doit embellir que les rôles de jeunes princesses... »

———

De 1739 à 1741, La Noue s'était lié avec Mlle Gaultier [1], qui se trouva être tout à la fois son associée, son élève et sa maîtresse. Une brouille assez sérieuse s'était élevée entre eux, pendant l'entreprise de Lille : « Il faut que Mlle Gaultier ait récompensé en lui la vertu, car ce n'est pas à la figure qu'elle s'était donnée ; mais, à la fin, elle s'est lassée de rendre justice au mérite. » Les amants se réconcilièrent après *Mahomet*; un passage d'une lettre citée plus haut, le donne à croire « Allons donc ! que Mlle Gaultier travaille de toutes ses forces, qu'elle mette plus de variété dans son récit, qu'elle joigne tout ce que peut l'art à tout ce que la nature a fait pour elle ; elle est faite pour être le charme du théâtre comme celui de la société. Je la remercie de l'honneur qu'elle a fait à une certaine Palmyre. Je vous prie d'écrire à M. son père, que vous le priez de rendre au plus tôt à l'abbé Moussinot les paquets dont il a bien voulu se charger. Cela m'est très important. Adieu, mon cher ami. »

———

1. Mlle Gaultier (Françoise-Jeanne-Elisabeth), était fille d'un maître-directeur de l'Académie royale de musique. Née à Rouen, le 25 septembre 1720, elle épousa, en 1744, un sieur Charles Martel et se maria en secondes noces, en 1751, avec l'acteur Drouin, de la Comédie-Française. Ce fut sous le nom de Mme Drouin qu'elle fut plus particulièrement connue dans la suite.

Le maître et l'élève quittèrent Lille et tous deux entrèrent à la Comédie-Française à quinze jours d'intervalle : Mlle Gaultier débuta le 30 mai, dans le rôle de Chimène, du *Cid*, et fut reçue sociétaire le 11 juin. Elle doubla d'abord Mlle Dangeville, comme soubrette de comédie, puis Mlle Dumesnil, dans les grands rôles tragiques; mais, en 1759, elle prit les caractères et se retira en 1780 avec une pension de quinze cents livres, qu'elle touchait encore en 1793.

_____

Voltaire, en parlant de l'acteur qui créa le rôle de Séïde, l'appréciait ainsi : « Il y a un petit Baron qui n'a qu'un filet de voix, mais qui a fait verser des ruisseaux de larmes... Le petit Baron s'est tellement perfectionné depuis la première représentation, il a eu un jeu si naturel, des mouvements si passionnés, si vrais et si tendres qu'il faisait pleurer tout le monde comme on saigne du nez.... »

Cet acteur n'était autre que François Baron, petit-fils du célèbre Michel Baron. Il était, lui aussi, destiné à la cour de Berlin et, comme La Noue et Mlle Gaultier, passa la même année à la Comédie-Française. Il y débuta le 8 juillet 1741, dans *Iphigénie*, par le rôle d'Agamemnon, et fut reçu à part entière le 15 septembre suivant. Sauf Lemazurier, aucun biographe ne donne de renseignements sur ce fils d'Etienne Baron. Son père était mort en 1712; il est probable qu'il s'essaya sur un des théâtres de la Foire, dont sa mère, Catherine Von der Beck, était directrice. François Baron n'occupa guère l'emploi dans lequel il avait débuté; acteur médiocre, il passa bientôt aux utilités et, le 1er janvier 1755, il prenait sa retraite. Grâce au nom qu'il portait, au souvenir de son père et de son aïeul, il obtint une pension de cinq cents livres et la place de caissier de la Comédie.

———

La troupe de Lille comptait encore d'autres comédiens à qui était réservé un brillant avenir et dont Voltaire put encourager le talent naissant; dans ce nombre se trouvait Mlle Clairon, alors âgée de dix-huit ans.

Le grand acteur Garrick, au cours de son premier voyage en France, vit, paraît-il. Clairon à la Comédie de Lille [1]. Elle jouait les soubrettes avec intelligence, chantait bien et dansait agréablement. Lorsqu'il vint à Paris en 1751, il retrouva la jeune actrice à la Comédie-Française, et quatorze ans après, lors d'un nouveau séjour dans la capitale, il fit exécuter par Gravelot le portrait de l'artiste. Dans le haut du cadre, sur un ruban, étaient gravés les mots *Prophétie accomplie* et dans le bas on lisait le quatrain suivant, que le comédien anglais avait fabriqué, disait-il, dans un souper chez l'actrice, avec l'aide d'un « teinturier ».

> J'ai prédit que Clairon illustrerait la scène,
> Et mon espoir n'a point été déçu ;
> Elle a couronné Melpomène :
> Melpomène lui rend ce qu'elle en a reçu.

Claire-Joseph Léris, dite Legris de Latude, dite Clairon [2],

---

1. C. De Manne, *Galerie historique des comédiens françois de la troupe de Voltaire.*

2. Un jugement du 10 octobre 1803, neuf mois après sa mort, réforma son acte de décès, établissant que la défunte devait être nommée Claire-Joseph Léris, et non autrement, annulant les noms de Hippolyte, Latude et Clairon, inscrits sur le registre lors de la déclaration. — La maison où est née la célèbre comédienne existe encore à Condé; un peintre local, M. Rossy, a pris soin d'en fixer le souvenir par un tableau qui orne une salle de la mairie.

était née à Condé-sur-Escaut le 25 janvier 1723. Avant de paraître sur la scène lilloise, elle avait débuté à la Comédie Italienne en janvier 1736, à l'âge de treize ans, et passé quatre années dans la troupe de Rouen dirigée par La Noue et Mlle Gaultier.

Son séjour à Rouen est surtout connu par le libelle ordurier qui fut publié contre elle [1]. Quatre lettres galantes, qui ont paru dans des recueils d'autographes et que M. de Goncourt a insérées dans son ouvrage, voilà ce qui a subsisté de son passage à Lille. Ces lettres étaient adressées au baron de Besenval [2].

C'est sans doute à Clairon que Voltaire destinait l'*Enfant prodigue*, car, ainsi que Garrick, il eut le pressentiment de ce qu'elle deviendrait un jour.

Clairon passa à Gand dans le courant de 1742 ; elle s'en échappa, pour un motif resté inconnu, et gagna Dunkerque, où elle reçut un ordre de début à l'Opéra Ce n'était pas là sa place, elle le comprit et sollicita bientôt son entrée à la Comédie-Française. Le 19 septembre 1743, elle y abordait le rôle de Phèdre ; ses débuts furent appréciés de façons diverses, et son admission suscita une levée de boucliers, un véritable *tolle*.

Son ancien directeur, non des moins hostiles, parla au nom de l'assemblée et on vit bientôt circuler dans le public un opuscule anonyme intitulé : *Mémoire pour le sieur de Lanoue, la demoiselle Gaussin et consorts, opposans à la réception de la*

---

1. *Histoire de Mademoiselle Cronel, dite Frétillon, actrice de la Comédie de Rouen, écrite par elle-même* — La Haye, aux dépens de la Compagnie, 1753.

2. M. de Besenval était entré dès l'âge de *neuf ans* au régiment des gardes suisses, dont son père était colonel. Il habita Lille, puis Douai. Il devint général et joua un certain rôle dans les premiers événements de la Révolution française.

demoiselle Cléron, où, sous la forme d'un plaidoyer en faveur de la nouvelle sociétaire, l'auteur daube les opposants. On y retrouve nos comédiens de Lille : « Un jeu noble, une déclamation aisée, un geste naturel, une voix sonore, de la dignité, de l'âme, ajoutez à cela une poitrine infatigable, voilà les avantages avec lesquels la demoiselle Cléron a débuté sur la scène... Le nom seul de l'incomparable La Noue est ici d'un poids merveilleux, La Noue, le Roscius, le Sophocle du siècle, le tragique La Noue, dont les talens inimitables pour le théâtre sont aussi peu équivoques que la paternité des pièces qu'on lui attribue. La Noue, connu, chéri, admiré de tout Paris dont il fait les délices. La Noue, qui pendant quelque tems a été soupçonné d'avoir fait lui-même *le Retour de Mars* et *Mahomet second*, qui se l'étoit presque persuadé et qui, sur ce fondement, a joui de la réputation d'auteur de la meilleure foi du monde. La Noue, qui déclame si bien, qui met tant de vérité dans ses rôles, dont la voix est si touchante, la figure si noble et si intéressante, le geste si flatteur et si naturel, qui, dans les tragédies gothiques où l'on représente des passions et des martyrs, auroit eu tant de grace à rendre le personnage du patient.... Qu'on ne s'imagine pas, au reste, que le zèle du judicieux La Noue soit intéressé et que la crainte de voir le mérite de la demoiselle Cléron balancer les applaudissements prodigués à la demoiselle Gautier, son élève, l'ait engagé à s'opposer à sa réception. Une pareille idée seroit absurde ; la demoiselle Gautier est trop supérieure. En effet, que lui manque-t-il pour être une excellente actrice ? Une taille, un visage, des bras, de la vérité, du sentiment ? Voilà de plaisantes bagatelles ! La Noue, acteur goûté, sait très bien qu'on peut plaire sans ces frivoles avantages.... »

Devant la haute protection dont Clairon se savait pourvue, la cabale dut céder. On connaît la carrière étonnante et mouvementée, que la tragédienne parcourut, ses succès sont aussi célèbres que ses dévergondages. Elle a publié des *Mémoires,* dont l'exactitude est très contestable et où les rancunes d'artiste tiennent une place aussi large que les conseils sur l'art dramatique.

Après trente ans de théâtre, en 1766, Clairon, à la suite d'un coup de tête, rompit avec la Comédie-Française; elle quitta la France, séjourna longtemps en Allemagne où elle était, en 1775. gouvernante des enfants de la margrave de Baireuth, sœur de Frédéric II, et revint en octobre 1775. Le 17 juillet 1787, les *Feuilles de Flandres* annoncèrent sa présence à Lille, au cours des représentations que M¹¹ᵉ Thénard y donna, du 11 au 15 juillet [1] : « elle assista au spectacle, dit le rédacteur de ce journal, et prodigua à la jeune Thénard les applaudissements les plus flatteurs. Il est beau pour une artiste d'obtenir des suffrages d'un juge de cette importance. »

La Révolution vint ; Clairon à bout de ressources, dut solliciter des ministres quelques secours passagers. Elle mourut misérable le 29 janvier 1803. Son tombeau a été restauré dernièrement par les soins de la Comédie-Française.

———

Avant de mettre sa tragédie entre les mains des comédiens, Voltaire avait eu l'intention d'écrire, à leur usage, une sorte

---

1. M¹¹ᵉ Thénard, pensionnaire du roi, joua *Tancrède* (Aménaïde) le 11, *Hypermnestre* le 12, *Zelmire* le 13, *l'Orphelin de la Chine* (Idumé) le 14, et *la Veuve de Malabar* le 15. Très bien secondée par les acteurs de la troupe, Dubois, Garnier, Dupont et Marin, elle eut beaucoup de succès.

d'introduction : « Voulez-vous qu'on expose ce Mahom au public, écrivait-il un mois avant la représentation ? En ce cas, j'enverrai un petit abrégé de mes réflexions sur la manière de jouer cette pièce et les acteurs pourront suppléer par là à ce que je ne puis leur dire de bouche. » Les voyages à Lille rendirent cette précaution superflue, néanmoins, l'année suivante, parut une petite brochure rédigée, comme l'indique le titre, dans le but évident de compléter les conseils de l'auteur : *Lettre d'un Comédien de Lille sur la tragédie de Mahomet, de M. de Voltaire, contenant l'idée des caractères, de la conduite et des détails de cette pièce* [1]. Dans cet opuscule, qui ne compte que quatorze pages, un seul paragraphe nous intéresse au point de vue local : « L'auteur permit à notre troupe, l'année dernière, de donner ici un petit nombre de représentations de cette pièce célèbre, qui produisit un effet prodigieux. Les cœurs glacés de nos Flamans ne purent résister à la force des ressorts que l'auteur a mis en œuvre pour émouvoir et s'il n'avoit voulu réserver aux spectateurs de Paris l'honneur de le couronner dans son triomphe, j'ose vous assurer que nous aurions égalé, dans cette province, pour ne pas dire surpassé, les succès les plus brillants de ce théâtre, tant par le nombre des représentations que par le concours des spectateurs. » Cette *Lettre* n'est pas signée et l'auteur n'en est pas connu. A la dernière page, on trouve la date : « A Lille en Flandre, ce 15 juillet 1742 » ; le visa est du 7 août.

---

1. A Paris, chez Prault père, quai de Gévres, au Paradis, MDCCXLII, avec approbation et privilège du Roy.

On sait que *Mahomet*, menacé d'interdiction, fut retiré après la troisième représentation. Après cet échec, Voltaire s'était remis à l'œuvre. « Votre ami raccommode *Mahomet* à force. Il faudrait faire le possible et l'impossible pour qu'il soit joué avant notre retour : cela dépendrait de M. d'Aumont, s'il voulait faire venir La Noue ; et il aura La Noue s'il le veut bien.[1] »

Voltaire défendit, comme il le put, sa pièce taxée d'irreligion, et trouva piquant de la dédier au pape Benoît XIV (17 avril 1745), il accompagna sa dédicace d'un distique latin pour mettre au bas d'un portrait du souverain pontife. Quand, grâce aux sollicitations de d'Argental et aux démarches de Mme Denis, cette fameuse tragédie reparut enfin sur la scène le 30 septembre 1751, après que d'Alembert, chargé de l'examiner, en eut supprimé quelques vers, que restait-il de la pièce jouée à Lille ? Elle avait été « retaillée, recoupée, relimée, rabotée, rebrodée, remaniée, repolie et corrigée » à plusieurs reprises.

Les nombreuses péripéties et les vicissitudes de toutes sortes qui marquèrent l'apparition de *Mahomet*, expliquent bien la préférence et la sollicitude particulière dont Voltaire entoura toujours cette œuvre qu'il proclamait sa meilleure tragédie. Tel un père s'attache plus fortement à celui de ses fils dont l'enfance a demandé plus de soins et causé plus d'alarmes.

---

1. Lettre de Mme du Châtelet à d'Argental, 21 octobre 1742.

LES ÉTRENNES AU THÉATRE DE LILLE

(1758)

Il est un jour dans l'année où s'observe un phénomène particulier : embrassades, poignées de mains, souhaits, sont échangés entre gens qui, d'ordinaire, sont moins expansifs ; pendant quelques heures les plus bourrus deviennent aimables, tout le monde paraît gai, content, heureux de vivre... c'est le 1er janvier.

Au théâtre comme à la ville, mêmes politesses, même obséquiosité. Heureux abonné ! le contrôleur souriant vous salue au passage, l'ouvreuse vous attend ; en un clin d'œil, débarrassé de votre pardessus et de votre chapeau, vos jumelles sont dans vos mains avant que vous les ayez demandées. Il en a toujours été ainsi : les abonnés, au siècle dernier, pouvaient oublier, ce jour-là, la clef de leur loge, sans courir le risque d'être privés de spectacle.

Jadis, tout était prétexte à compliment, prose ou vers : le directeur lançait-il son prospectus, il le faisait précéder galamment d'une *Epître aux dames* ; à la première représentation de la campagne théâtrale, compliment d'ouverture ; à la dernière, compliment de clôture, débités par l'acteur favori du parterre; les jours de bénéfice, compliment du bénéficiaire

Le 1ᵉʳ janvier devait, plus que tout autre jour, faire éclore quelques fleurs poétiques ou réveiller une muse endormie. A l'aube, les garçons de théâtre, les tailleurs, les habilleurs, « les coeffeurs », les machinistes, les allumeurs de chandelles, avaient déjà salué de leurs vœux directeur et artistes ; le portier, lui, se réservait la part du lion. Ce personnage important ne se commettait pas avec la domesticité théâtrale; il laissait aux autres la banalité du compliment d'usage et prenait soin de s'assurer, à l'avance, le concours d'un lettré qui lui rédigeât des « Étrennes aux Abonnés ». La pièce imprimée, il la distribuait lui-même, consciencieusement, et, à l'inverse de Titus, le soir il pouvait dire qu'il n'avait pas perdu sa journée.

Voici un des plus anciens spécimens du genre :

ÉTRENNES

DU PORTIER DE LA COMÉDIE,

pour l'an 1758.

Inspiré ce matin du divin Apollon,
Pour faire un compliment qui ne soit pas trop long,
J'ose vous présenter mon respect, mon hommage,
L'an nouveau m'autorise à suivre cet usage.
Je ne puis vous offrir que des vœux, des souhaits,
Qu'aucun chagrin jaloux ne troublera jamais :
Puissiez-vous, de cent ans, oublié par les Parques,
Vivre encor plus content que ne sont les monarques ;
Puissiez-vous ne sentir jamais de maladie,
Trois fois chaque semaine être à la Comédie.
Là, vous me trouverez très prompt à vous servir,
Vous attendre à la porte et surtout, par mon zèle,
Qui n'est point de portier plus exact et fidèle.
Je serai trop content si mes vœux, mon ardeur,
Vous prouvent que je suis votre humble serviteur.

Ces « Étrennes » ont servi, sans doute, plusieurs années de suite ; l'exemplaire reproduit ci-dessus, qui appartient à une bibliothèque lilloise, n'est pas de la première édition. On devait savoir ce compliment par cœur, comme « l'astronome clair-voyant » des almanachs de poche, car l'imprimeur y mettait peu de soins : il manque un vers, après le onzième, dont la rime doit s'accorder avec *servir* : le compositeur a mis *surtout*, au douzième, au lieu de *montrer*, et *qui* au lieu de *qu'il* au vers suivant.

A un siècle de distance, nous retrouvons un autre compliment d'étrennes des portiers du Théâtre ; il est d'une forme plus légère et rimé sur l'air : « Suzon sortait de son village », de *Marianne*, ou mieux encore, pour les Lillois profanes, sur celui de *l'Habit d'min vieux grand'père*. Le voici :

LES PORTIERS DU THÉATRE DE LILLE

à MM. les Abonnés et Habitués du Théâtre.

—

1er janvier 1845

—

Messieurs, les Portiers du théâtre
En ce jour vous offrent leurs vœux,
Pour vous ils se mettraient en quatre
Si vos désirs dépendaient d'eux ;
    Quoi qu'il arrive,
    Sur le qui vive
Pour vos plaisirs toujours ils veilleront
    Et sans relâche.
    Tous, de leur tâche,
Avec respect, Messieurs, s'acquitteront
Ah ! puissent-ils veiller de sorte
Que de ce temple du plaisir,
Ils parviennent à retenir
Les fâcheux à la porte. *(bis)*

La mode des compliments en vers a passé. Il y a quelque trente ans, c'était la presse lilloise qui distribuait des étrennes aux artistes ; sous une forme plaisante, elle souhaitait aux pensionnaires de la direction les talents qu'ils n'avaient pas. Cette critique portait souvent juste et n'épargnait personne.

Aujourd'hui, foin de tout cela ! On est plus pratique, la phrase est simple et concise. Les « portiers » du théâtre imitent encore leurs prédécesseurs et nous les nôtres en donnant des étrennes.

LE COMÉDIEN MONVEL

LILLE : 1779, 1787.

La plupart des biographes, sur la foi d'une note ajoutée à l'acte de naissance de Jacques-Marie Boutet, dit Monvel, aux registres de l'état civil de Lunéville, donnent pour père à ce grand comédien un « musicien ordinaire de S. M. le roi de Pologne, Stanislas, duc de Lorraine,» tandis que d'autres, sans cependant fournir de preuves, prétendent qu'il était fils d'un comédien de province. Ce sont ces derniers qui ont raison : le père de Monvel, faisait partie de la troupe de Lille, dirigée par Lavoy, en 1767-1768. C'était un acteur de mérite, d'une notoriété assez grande dans le monde des comédiens pour que ses conseils aient été recherchés et son expérience mise à contribution par ceux que la carrière du théâtre attirait [1].

---

1. On lit dans les *Mémoires de Dazincourt* (Paris, 1810) : « Albony (Dazincourt) fit assembler ses honnêtes créanciers, leur distribua les fonds qu'on lui avait envoyés et partit avec son ami. Leur projet était de se rendre à Bruxelles; ils prirent la route de Lille, où ils devaient s'arrêter. Albouy avait l'intention d'y voir M. Monvel, père de celui qui s'est retiré de la Comédie-Française, il y a quelques années (Monvel quitta le théâtre en 1806). Il l'avait connu à Marseille et espérait qu'il lui donnerait, ainsi qu'à son ami, quelques renseignements utiles pour leur projet. Effectivement, M. Monvel, après avoir employé tous les moyens de les en détourner, leur remit une lettre pour Dhannetaire, alors directeur du théâtre de Bruxelles. » Plus loin, l'éditeur publie deux lettres de Monvel adressées à Dazincourt : la première, datée de Lille, 18 juillet 1771, contient quelques conseils sur l'art dramatique et nous apprend que Monvel faisait depuis trente ans « le triste métier de comédien, » qu'il avait été jadis à Lyon, etc.

Il avait débuté vers 1740 ; pendant quatre ans, il tint, à Lille, l'emploi des premiers rôles de comédie. En 1775, il fut nommé inspecteur de la Comédie-Française, charge qu'il occupa jusqu'en 1780. Avait-il été réellement musicien du roi de Pologne avant d'être acteur; cela paraît vraisemblable et concilierait les choses. Quoi qu'il en soit, c'est grâce à la haute protection de Stanislas que put se révéler et grandir le génie de Jacques Monvel, « cette gloire de notre théâtre, le plus grand des comédiens peut-être que la France ait eus [1]. »

Ce grand artiste fit deux apparitions sur le théâtre de Lille, d'abord en 1779, où il donna une série de représentations à partir du 18 mars, pendant la semaine de la Passion. C'était alors la coutume qu'un acteur étranger vînt clôturer la saison théâtrale.

En 1787, Monvel resta deux mois à Lille; il avait rompu depuis six ans avec la Comédie-Française et avait quitté clandestinement la France. Cette fugue était attribuée tant à l'état de ses affaires qu'à un désaccord survenu avec ses camarades. Il se rendit en Suède, où il fut attaché à la cour en qualité de lecteur du roi ; il y resta plusieurs années et revint en France. C'est par Lille qu'il commença ses tournées en province.

Le 12 août de cette année 1787, l'avis du spectacle annonçait que « Monvel, comédien du Roi au théâtre de la Nation et pensionnaire de Sa Majesté jouera l'*Amant bourru,* dont il est l'auteur. »

La série des représentations continua :

---

1. H. Régnier, *Souvenirs et Études de théâtre.* Paris, 1887.

le 16 et le 21 août, par *Tom Jones à Londres* ;
le 19, *Adélaïde du Guesclin* ;
le 24, *Œsope à la Cour* ;
le 26, *Beverley*.

Les 29 et 31 août, 2, 12, et 19 septembre furent réservés aux *Amours de Bayard*, autre pièce de sa composition, qui obtint un succès fou. A l'issue de la première représentation, on jeta des loges deux couronnes, l'une de fleurs, l'autre de lauriers, auxquelles étaient attachés ces vers, dûs à la plume du souffleur du théâtre et qui furent lus à la demande du public :

> Notre histoire, Bayard, t'a peint en homme illustre,
> Elle a de tes vertus crayonné le tableau ;
> Pour le rendre parfait, lui donner tout son lustre,
> Il fallait de Monvel le sublime pinceau.
>
> PINSART DE LA COUR, attaché au spectacle.

Pinsart cultivait les muses et la présence de Monvel échauffa sa verve poétique : il produisit d'autres morceaux du même genre au cours de ces mémorables soirées.

Le 4 septembre, Monvel continue par la *Gouvernante* ; le 9, *Œsope à la Cour* ; et le 16, l'*Amant bourru*.

Le public désirait revoir Monvel dans l'*Amant bourru* et *Œsope* ; mais il avait quitté Lille pour aller à Valenciennes, où il resta six semaines. Le 29 octobre, ayant appris que Mlle Candeille était en représentation au théâtre de Lille, il y revint : « M. Monvel, pénétré de l'accueil que le public judicieux a rendu à ses talens et ravi de trouver en province une actrice de la capitale, a joué avec Mlle Candeille le rôle de Séide dans *Mahomet*, et celui de Damis, dans la *Feinte par amour*. » Les vers et les fleurs leur furent prodigués. Le 31 octobre, le spectacle annoncé n'eut pas lieu, par suite d'une indisposition du comédien, « une colique d'estomach causée par une indigestion très forte. » Monvel écrivit à ce sujet une lettre à la directrice, Mlle Denarelle, qui la communiqua aux *Feuilles de Flandre*, en y joignant une longue lettre, dans laquelle elle exprimait le regret de ne pouvoir faire ses adieux au public d'une façon éclatante, en compagnie du célèbre acteur.

Monvel donna encore deux représentations, le 4 et le 5 novembre, où, aux applaudissements frénétiques des Lillois, il joua une dernière fois l'*Amant bourru* et *Gaston et Bayard*. Le même enthousiasme qui l'avait accueilli chez nous l'attendait dans les autres villes de province.

———

Monvel était, au dire de ses contemporains, d'un extérieur chétif; sa voix était pénétrante et il possédait, au plus haut degré, de l'âme, de l'intelligence et une sensibilité poussée au dernier point; ses gestes étaient expressifs et nombreux. C'était aussi un auteur très remarquable: il écrivit des tragédies et des comédies qui eurent un grand succès et collabora longtemps avec Dalayrac.

Après sa rentrée en France, en 1786, il s'occupa surtout d'art dramatique et fit jouer *les Amours de Bayard* à la Comédie-Française, qui ne lui avait pas gardé rancune. Lors de la Révolution, dont il embrassa les idées avec une ardeur exagérée, il prononça un discours violent en faveur de la déesse Raison, dans la chaire de l'église Saint Roch. Le comité fit imprimer ce discours et ce fut un des grands ennuis qu'ait éprouvé Monvel ; il fut longtemps poursuivi par l'idée fixe d'en détruire les exemplaires et d'effacer ainsi, jusqu'au souvenir, un moment d'exaltation et d'oubli. A cette époque, il était remonté sur la scène et avait passé un engagement avec les Variétés-Amusantes, mais il dut bientôt abandonner le théâtre, par suite d'un inconvénient auquel les comédiens peuvent difficilement remédier, la perte de ses dents. Il se consacra alors au professorat et fut un des fondateurs du Conservatoire ; il mourut en 1807.

Régnier raconte, dans l'ouvrage cité plus haut, l'impression que lui causa Monvel, tombé en enfance : « Un jour que ma mère allait en visite, elle m'emmena avec elle ; je n'avais pas encore cinq ans. On nous reçut dans une grande salle à manger donnant sur un jardin ; la dame que ma mère était venue voir voulut lui en faire faire le tour. On me laissa en face d'un vieillard poudré avec soin, exsangue, presque livide, le nez touchant le menton, une vraie figure de casse-noisettes. Une serviette était passée autour du cou de cet étique personnage, et une servante soufflait sur chaque cuillerée d'un potage qu'elle lui faisait avaler. Le vieillard, distrait de son déjeuner par ma présence, s'arrête, ferme obstinément la bouche à ce qu'on lui présente et fixe ou plutôt darde vers moi deux yeux étincelants. Ces yeux très noirs, très grands ouverts, avaient cette étrangeté particulière aux enfants en bas âge, aux vieillards qui se survivent, aux idiots, lorsqu'ils rassemblent toute leur force d'attention pour s'expliquer le sens ou la forme de quelque objet qui les frappe ou les étonne. Flamboyants et terribles, ces yeux semblaient vouloir me percer et pénétrer jusqu'au fond de moi-même ; affolé par la peur, je me mis à

9

pousser des cris affreux, ma mère accourut et ne put me faire taire qu'en coupant court à sa visite et en m'emportant. »

Cet éclat du regard, cette flamme de génie, qui survivaient à son intelligence disparue, Monvel l'avait léguée à sa fille, Mlle Mars, qui, pendant plus de quarante ans, fit les délices du théâtre et fut, elle aussi, une des gloires de la scène française.

GRÉTRY à LILLE

(1782)

Grétry, dans la maturité de son talent, avait déjà produit ces charmantes partitions de *Lucile*, du *Tableau parlant*, de *Zémire et Azor*, des *deux Avares*, de la *fausse Magie*, de l'*Amant jaloux*; il allait bientôt mettre au jour la *Caravane du Caire* et ses deux chefs-d'œuvre : l'*Épreuve villageoise* et *Richard Cœur-de-Lion*. Mais il venait d'éprouver, à l'Opéra, un échec sérieux avec l'*Embarras des richesses* tombé à plat, grâce à l'incohérence du livret de Lourdet de Sancerre, qu'on appelait plus depuis que Lourdet de Sans-Tête.

Profondément blessé de la chute de son ouvrage, Grétry avait résolu de se rendre dans sa ville natale pour s'y réconforter à l'accueil chaleureux qu'il savait y recevoir. Accompagné de son ami Louis, l'architecte du roi de Pologne et du duc de Chartres, il fit le voyage de Liége et s'arrêta à Lille [1].

---

1. Voir un *Chapitre de l'Histoire du Théâtre de Lille*, pages 19-21.

Pendant son séjour, Grétry assista, à la Salle des spectacles, à deux représentations d'opéras de sa composition. Il s'en montra très satisfait ; il prodigua ses conseils aux artistes, qu'il combla d'éloges. L'orchestre, en particulier, attira son attention ; il le trouva excellent, égal, pour le moins, à ceux de la capitale et son chef, qui était en même temps directeur, reçut les félicitations du maître. Le rédacteur des *Feuilles de Flandre* rappelait cette circonstance dans une appréciation de la campagne théâtrale 1784-85 : « L'orchestre de Lille, sous la direction de Fages et conduit par lui, équivalait en précision, si toutefois il ne le surpassait pas, celui des Italiens de Paris. C'est une vérité que nous avons entendu dire par M. Grétry, juge très compétent, lors du passage de ce grand homme à Lille. »

Sous l'impulsion de Fages, le Concert des Abonnés, rétabli sur de nouvelles bases, était devenu une des distractions les plus attrayantes de Lille. Les artistes en vogue étaient engagés pour ces concerts, qui obtenaient un grand succès et dont Grétry avait entendu parler à Paris. « On en donna un extra-ordinaire à son honneur, dit une correspondance publiée dans les *Mémoires secrets*, où on n'exécuta que les morceaux les plus intéressants de *Céphale et Procris*, d'*Andromaque* et du *Seigneur bienfaisant.* » On remarqua que Grétry, très jaloux de son naturel, fit la grimace en entendant ce dernier morceau dont l'auteur était le jeune Floquet. Néanmoins, on lui rendit des honneurs bien faits pour flatter l'amour-propre d'un compositeur. « On avait mis une couronne sur la statue d'Apollon qui est au fond de la salle et on l'avait orné de guirlandes sa lyre où l'on lisait le nom du célèbre compositeur. Dès qu'il parut dans la salle garnie d'un monde immense, accompagné de deux commissaires au milieu desquels il était placé, la joie publique éclata par des battements de mains longs et multipliés, qui ne furent interrompus que par une fanfare qui produisit le plus grand effet. »

Le poète Feutry, qui se trouvait à cette fête, « excellent pour les *impromptus* », crayonna sur-le-champ le quatrain suivant :

> Grétry paraît, la gloire l'environne ;
> Elle applaudit à ses divins accents :
> L'orchestre brille, il enchante, il étonne
> L'œil du génie enflamme les talents.

Pour un poète, à qui les Etats de la Flandre wallonne venaient, sur la recommandation du prince de Soubise, gouverneur, et de Calonne, intendant de la province, d'allouer une pension, il faut reconnaître que, cette fois du moins, Phébus se montra sourd et Pégase rétif.

————

LE TRAGÉDIEN LARIVE

LILLE : 1784, 1785, 1788.

———

Jean Mauduit de Larive, ou mieux Larive tout court, avait, lui aussi, rompu avec la Comédie-Française, quand il entreprit ses tournées en province. Protégé par Mlle Clairon, il fut, jusqu'à l'avénement de Talma et quoiqu'il ait eu à subir maintes fois l'inconstance du public, l'acteur tragique à la mode, le successeur de Lekain.

Il vint à Lille, en 1784, pendant la semaine qui précéda la clôture annuelle, et y joua :

> le 30 mars, *Tancrède* et *Pygmalion ;*
> le 31   —   *Coriolan ;*
> le 1er avril, *Roméo et Juliette;*
> le 2   —   *Adélaïde Duguesclin ;*
> le 3   —   *Philoctète* et *Pygmalion.*

Larive était alors à l'apogée de sa gloire ; aussi se faisait-il payer son cachet 400 livres, somme énorme pour l'époque et que nul comédien français n'avait encore obtenue.

L'année suivante, le 9 mars, les *Feuilles de Flandre* annoncèrent la très prochaine arrivée de Larive à Lille et publièrent en même temps le répertoire des pièces qu'il se proposait d'y jouer ; c'était : *Venceslas*, de Marmontel ; *Œdipe*, *Mahomet* et *Zaïre*, de Voltaire ; *Philoctète*, de Châteaubrun ; *Iphigénie en Tauride*, de Latouche ; *Spartacus, Gaston et Bayard*, de du Belloy ; *Pygmalion*, de J.-J. Rousseau.

Par mesure d'ordre, quelques jours avant, un avis informa le public que les personnes qui avaient loué des loges pour toute la semaine étaient priées d'en payer le prix « vendredi prochain au plus tard, en faisant prendre les billets d'entrée chez Mme V^re Hazebrouque, marchande de modes, rue de la Grande-Chaussée ». Pour éviter l'encombrement, le même avis spécifiait que l'entrée des loges louées serait par la petite porte, rue de la Comédie, et que la distribution des billets d'entrée, pour ceux qui n'ont point loué de loges, se ferait, comme d'ordinaire, par la porte de côté de la place de Rihour.

Malgré ces précautions et l'heure d'ouverture exception-nellement avancée (quatre heures précises), il y eut une telle presse et un tel tumulte que le Magistrat ordonna de faire établir désormais un bureau supplémentaire pour la distri-bution des billets.

L'ordre des représentations de 1785 fut le suivant :

le 11 mars, *Iphigénie en Tauride* (Oreste) ;
le 12 — *Venceslas* (Ladislas) ;
le 13 — *Œdipe* ;
le 14 — *Philoctète* ;
le 15 — *la Veuve de Malabar* ;
le 16 — *Mahomet* — *Pygmalion* ;
le 17 — *Gaston et Bayard* ;
le 18 — *Zaïre* (Orosmane) ;
le 19 — *Spartacus*.

Ces neuf représentations furent un long triomphe : couronnes de fleurs, pièces de vers, tombaient chaque soir aux pieds de Larive :

> Illustre ornement de la scène,
> Toi, dont l'âme porte en nos sens
> Tous les sublimes mouvemens
> Dont s'enorgueillit Melpomène,
> Larive, reçois le pur encens
> Que nous devons à ton génie,
> Et revois ici ta patrie
> Puisqu'on y chérit tes talens.

Le 17 mars, après la chute du rideau, enthousiasme indescriptible ; une couronne de laurier, à laquelle était suspendu un billet, fut reçue par l'acteur en scène qui, tourné vers Larive, lut la pièce suivante :

> Homme sublime et rare, amant de Melpomène,
> Ton magique talent me captive et m'entraîne.
> Avec leurs nuances, tu nous peins tour à tour
> L'amitié, l'ambition, et la haine et l'amour.
> Tu sais nous transporter par ces heureux prestiges
> Dans les siècles féconds en héros, en prodiges,
> Retracer à nos yeux l'épouvante et l'horreur :
> Par l'amour rebuté Ladislas en fureur ;
> Coupable sans dessein, craignant de se connaître,
> Œdipe, maudissant le jour qui l'a vu naître.
> Tu sais aller au cœur, l'émouvoir à ton gré :
> Philoctète abattu, trahi, désespéré,
> Sera toujours frappant, toujours, quoi qu'il arrive,
> Tant qu'il reparaîtra sous tes traits, Delarive.
> Tu nous fais croire encore à la tendre amitié,
> Quand de Pylade en pleurs, repoussant la pitié,
> Tu veux mourir pour lui des mains de la prêtresse.
> Et lorsque, succombant au remords qui l'oppresse,
> Tu nous montres Oreste, accablé, malheureux,
> C'est Oreste lui-même et le pur sang des dieux.

Sur la demande de Rézicourt, alors directeur, Larive revint en juillet 1788. C'était dans la nouvelle salle de spectacles, œuvre de Lequeux, encore toute fraîchement décorée; Il s'agissait d'offrir au prince de Condé et au duc d'Enghien, son petit-fils, une représentation de gala. Le pensionnaire du Roi joua *le Misanthrope*, rôle qu'il ne devait aborder à Paris que quelques années plus tard.

Les événements de la Révolution éloignèrent momentanément Larive du théâtre, ce qui ne l'empêcha pas d'être incarcéré en 1793. Délivré après le 9 thermidor, il retourna à Lyon, où il avait cueilli ses premiers lauriers, puis à Bruxelles, et rentra enfin à la Comédie-Française. Il vivait depuis vingt ans dans sa propriété du Gros-Caillou quand il quitta définitivement la scène pour le professorat. Nommé membre correspondant de l'Institut, il suivit à Naples le roi Joseph Bonaparte, dont il était le lecteur ordinaire. Lorsque son protecteur passa sur le trône d'Espagne, il revint en France, se retira dans une de ses propriétés, à Montlignon, et mourut paisiblement maire de sa commune.

Mme SCIO

Lorsqu'on nous rappelle, dans tout l'éclat de leur apparition, les productions des maîtres de l'opéra français, le souvenir des artistes, interprètes de leurs œuvres, se présente naturellement à notre esprit. Ils ont été les premiers applaudis et sont, par contre, les premiers oubliés ; ils ne laissent après eux qu'un nom bientôt disparu.

L'école française du siècle dernier, doit beaucoup à Mme Scio, la plus grande cantatrice de son époque, un des plus précieux auxiliaires des compositeurs. Mme Scio — Claudine-Angélique Legrand — naquit à Lille le 25 avril 1772 [1]. Son père était musicien ; son aïeul, petit bourgeois établi, faisait le commerce de « marchand grossier », sorte de mercier-drapier ; toute la famille habitait Lille. Nous avons relevé, dans les registres de la paroisse Saint-Etienne, aux archives de la ville, l'acte de baptême de celle qui devait un jour briller au premier rang parmi les artistes de son époque.

---

1. Fétis, dans sa *Biographie des Musiciens*, fait naître Mme Scio en 1768, et lui donne les prénoms de Julie-Angélique; la *Biographie Michaud* fixe la date de 1770, et rétablit les prénoms de Claudine-Angélique. Dans un article biographique paru en 1889, un journal dunkerquois, *la Flandre*, rééditat l'erreur due à un écrivain du commencement du siècle en disant qu'elle était née à Dunkerque en 1763 ; l'acte de baptême ci-après remet les choses à leur point.

Voici cette pièce :

Le vingt-six avril mil sept cent septante deux, je, soussigné,
vicaire de cette paroisse, ai baptizé Claudine-Angélique-Joseph,
née hier, fille légitime de Jean-Baptiste-Aimé-Marie Legrand,
musicien, et d'Angélique-Thérèse Cousin. Le parrein, Claude
Bérenger, la marreine Marie-Joseph Vanderhaege.

Signatures : J.-B. Legrand, Marie-Joseph Vanderhagen,
Béranger, N.-F.-J. Amys, vicaire. »

Jean-Baptiste Legrand était sans doute musicien à l'orchestre
du théâtre, quoiqu'il ne figure pas sur l'état de 1767-68, que
nous possédons ; il commença lui-même l'éducation musicale de
sa fille, qui montra de précoces dispositions.

Les biographes de Mme Scio s'accordent à dire que sa vocation
artistique se révéla tout à coup ; — ce fut vers 1785, pendant
le séjour à Lille de Mlle Rousselois, cantatrice de talent, fort
bien accueillie en province et surtout dans notre ville, où elle
reparaissait fréquemment.

Comment cette vocation s'est-elle manifestée ? Rien ne
l'indique. Peut-être l'artiste fit-elle chanter la jeune fille
présentée par son père, peut-être même y eut-il un premier
essai sur notre scène. Aucun renseignement ne nous permet
de contrôler l'une ou l'autre de ces suppositions. Toujours est-il
que, l'année suivante, Claudine Legrand quitta la maison pater-
nelle pour suivre un galant qui devait bientôt l'abandonner.
Dans un dénuement extrême, sans ressources, elle dut recourir
au talent qui s'était développé soudainement chez elle ; elle
débuta en 1787, à Montpellier, sous le nom de Mlle Crécy, puis à
Avignon, dans le rôle de Colette, du *Devin de village*. Son
camarade Gaveaux la fit engager par Boursault-Malherbe, le
futur conventionnel, alors directeur du théâtre de Marseille.

Elle devint la favorite du public et, en 1790, elle épousa le chef d'orchestre, Etienne Scio, violoniste et compositeur.

Attiré à Paris par le mouvement révolutionnaire, Boursault y avait fait construire à la hâte, en deux mois, dans la rue Saint-Martin, une salle de spectacle qu'il appela « Théâtre de Molière ». Ce théâtre devint le rendez-vous des auteurs patriotes ; on y jouait des pièces « désespérantes pour l'aristocratie ». Scio et sa femme avaient suivi leur directeur ; nous les voyons figurer tous deux sur le tableau de la troupe, l'un comme « maître de musique », l'autre comme actrice [1].

Le Théâtre de Molière était plutôt un théâtre dramatique ; mais, comme les pièces patriotiques étaient largement mêlées de chant, notre concitoyenne fit la fortune de la nouvelle salle.

Sur les sollicitations de Cherubini, de Lesueur et de Steibelt, Mme Scio passa bientôt à l'Opéra-comique de la rue Feydeau, où nous la voyons débuter avec éclat, le 7 juillet 1792, dans le rôle de sœur Euphémie, des *Visitandines*. Elle devint dès lors la première actrice lyrique de la capitale et, chaque soir, tout Paris courait l'entendre. Sa voix était admirable, d'une puissance et d'une pureté rares ; elle possédait, en outre, à un très haut degré, des qualités scéniques exceptionnelles. « Mme Scio n'était presque pas musicienne, mais on ne pouvait s'en apercevoir, tant elle avait l'oreille délicate, tant elle avait d'aplomb pour la mesure et de justesse dans la voix. — On a remarqué, dit Lemazurier, que cette actrice était mieux sous les habits d'homme qu'avec ceux de son sexe ; aussi a-t-elle toujours eu beaucoup de succès dans les travestissements... ».

---

1. Les *Spectacles de Paris et de toute la France*. Paris, veuve Duchesne, 1792.

Mme Scio était d'une taille moyenne, sa figure était agréable, ses traits réguliers et expressifs. Elle avait rapidement acquis une grande habitude de la scène, son jeu était naturel, vif et intelligent, sa diction un peu déclamatoire, mais son organe était chaud et vibrant.

Avec ses camarades Juliet, Vallière, Gaveaux, le chanteur-compositeur, Rézicourt, qui séjourna à Lille plus de dix ans comme acteur ou directeur, les citoyennes Auvray, Rolandeau, Gavaudan et Lesage, Mme Scio avait la vogue. Le nombre des ouvrages qu'elle créa, de 1792 à 1800, est considérable ; nous citerons parmi les plus importants : *l'Amour filial, la Famille indigente, le petit Matelot, Léonore,* de Gaveaux, *Lisidore et Monrose,* de Scio, *les Visitandines,* de Devienne, *la Caverne, Télémaque,* de Lesueur, *Roméo et Juliette,* de Steibelt, *Claudine, la bonne Sœur,* de Bruni, *Élisa, Médée, les deux Journées,* de Cherubini, *la Famille suisse, les Méprises espagnoles,* de Boïeldieu.

En 1801, lors de la réunion des deux troupes de la salle Favart et de Feydeau (l'Opéra-Comique national et le Théâtre-Lyrique), elle reprit plusieurs rôles du répertoire de la Comédie italienne, dans lesquels elle obtint un véritable triomphe : Catherine, de *Pierre-le-Grand,* Isaure, de *Barbe-Bleue, le Comte Albert, Zoraïme et Zulnar, Félix,* etc. Parmi ses créations, de 1801 à 1806, nous relevons encore *Leheman, la jeune Prude,* de Dalayrac, où elle se travestissait avec une rapididité extraordinaire, *Owinska,* de Gaveaux, *Michel-Ange,* de Nicolo, *Helena,* de Cherubini, *l'Incertitude maternelle,* de Solié, *Sigisbé,* de Piccini, *Uthal,* de Méhul.

Les 20, 22 et 28 vendémiaire an VII (11, 13 et 19 octobre 1798), pendant un congé qu'elle employa à parcourir la pro-

vince, Mme Scio vint donner quelques représentations dans sa
ville natale. Elle s'y fit entendre pendant ces trois jours, dans
la belle Arsène, l'Amour filial, Didon et *les deux petits Savoyards.*
Le théâtre de Lille était alors peu fréquenté, et l'accueil qu'on
lui fit ne fut pas celui qu'on espérait; aussi est-ce la seule
série de représentations qu'elle y donna.

La nature du talent de Mme Scio semblait peu propre à
la tragédie lyrique. Cependant, parmi ses plus beaux succès, il
faut enregistrer sa création de Médée, dans l'opéra de Cherubini, et Calypso, dans le *Télémaque* de Lesueur, deux rôles
tragiques.

Les appréciations des critiques sur ces deux créations
ne sont pas précisément d'accord. L'un d'eux, Fabien
Pillet [1], trouve que « Mme Scio semble s'exposer à un léger
reproche sur une certaine ambition qui lui fait accepter quelques rôles au-dessus de ses forces. *Calypso* et *Médée*, par
exemple, exigent une complexion plus robuste que la sienne
et une voix, sinon plus étendue ou plus brillante (ce qui est
impossible), du moins plus en état de résister à la fatigue. »

Le *Courrier des Spectacles* du 24 ventôse an V, dans un article
qui parut le lendemain de la première représentation de *Médée*,
dit que « Mme Scio a été de la plus grande force dans ce rôle
Le public l'a redemandée à la fin de la pièce ; elle a paru, et
les spectateurs lui ont témoigné leur satisfaction par les plus
grands applaudissements. — Non-seulement, dit un autre critique, Mme Scio fut grande cantatrice dans *Médée*, mais elle
dit le vers en habile tragédienne. »

---

1. *La Lorgnette des Spectacles*, Paris, an IX.

Toujours est-il que ces deux rôles ont survécu aux autres créations de la célèbre artiste, et ce sont eux qui ont consacré la gloire de Cherubini et celle de Lesueur.

Étienne Scio était mort à Paris en 1796 ; en 1802, sa veuve se remaria avec un employé aux finances, Messié. A cette époque, l'actrice de Feydeau prit le nom de Mme Scio-Messié, qu'elle garda jusqu'au 18 septembre 1806, date à laquelle le divorce fut prononcé ; elle reprit alors son ancien nom de Mme Scio.

Sa santé toujours délicate s'était profondément altérée par un travail surmené et, il faut le dire aussi, par des excès de toutes sortes. Son premier mari était mort de phthisie ; le même mal la minait et devait la tuer.

Depuis longtemps ses admirateurs, ses amis, ses détracteurs même, s'alarmaient du peu de soin qu'elle donnait à sa santé : elle ne tenait aucun compte de leurs conseils.

Grimod de la Reynière écrivait dans son *Censeur dramatique*, le 10 ventôse an VI, à propos de la reprise de *Médée* : « Nous avons vu avec peine, dès son entrée, que Mme Scio n'avait pas encore recouvré la plénitude de ses moyens, que sa maladie a dû nécessairement affaiblir. Elle paraissait même très souffrante et nous avons craint plus d'une fois qu'elle fût hors d'état d'achever son rôle. Son zèle l'a emporté sur ses forces et elle a suppléé par une rare intelligence à celles qui lui manquaient. Cette adresse n'en faisait que plus regretter qu'elle ne fût pas secondée par la nature et le plaisir qu'on éprouvait en la voyant aussi bien jouer, quoique souffrante, était un plaisir pénible. »

Fabien Pillet, en 1801, terminait sa notice sur elle en ajoutant : « Nous craignons que les efforts surnaturels de cette femme intéressante n'abrègent des jours précieux à tous les amis des arts, sans que son courageux dévouement ajoute un seul fleuron à sa couronne. »

Enfin, Lemazurier disait en l'an XIII : « Si la mode des devises n'était pas tombée en désuétude, un soleil couchant pourrait être celle de cette cantatrice. Elle eut de grands succès et une réputation très étendue ; sa voix était admirable, d'une force et d'une pureté rares ; tous ces avantages s'affaiblissent et sa mauvaise santé presque habituelle a dû leur faire éprouver une plus prompte dégradation. Mais on se souviendra toujours qu'elle mérita les plus illustres suffrages et que Steibelt faisant répéter à Londres sa *Camille*, entouré des plus fameuses cantatrices de la troupe italienne, s'écriait : Où est Mme Scio ? Ce qu'elle ne perdra pas, c'est ce talent d'actrice qu'elle possède à un degré remarquable et qui prolongera son existence théâtrale.....»

Jusqu'au dernier moment Mme Scio resta au théâtre ; elle semblait vouloir y mourir : on la voyait, prise subitement d'une hémorrhagie, quitter la scène et se réfugier précipitamment dans la coulisse, puis reparaître moins effrayée que ses cama-rades, témoins de ses souffrances ; elle s'éteignit enfin, le 14 juillet 1807, âgée seulement de trente-cinq ans.

Elle mourut, ne laissant à ceux qu'elle avait charmés que le souvenir de son talent incomparable, souvenir disparu avec ses contemporains et presque effacé aujourd'hui.

MICHU et Mme DUGAZON

Deux noms inséparables, deux célébrités de l'opéra-comique français, qui, après avoir créé ensemble une partie des œuvres de nos vieux maîtres, partagèrent longtemps la faveur du public. Presque du même âge, — l'un était né en 1754, l'autre en 1753 — ils débutèrent tous deux, à vingt ans, à la Comédie Italienne à laquelle ils devaient survivre.

Michu vint d'abord à Lille avec Mlle Desbrosses, qui fournit au théâtre une carrière de plus d'un demi-siècle. Ils donnèrent une série de six représentations, du 25 au 31 mars 1787 ; en voici le détail :

le 25 — *le Magnifique — Alexis et Justine* ;
le 27 — *Nina — la belle Arsène* ;
le 28 — *le Droit du seigneur — la Dot* ;
le 29 — *l'Amant jaloux — les Sabots* ;
le 30 — *Blaise et Babet — Alexis et Justine* ;
le 31 — *Nina — Aucassin et Nicolette.*

En compagnie de Mme Dugazon, Michu revint pendant la semaine de clôture de l'année 1789 ; ils jouèrent :

le 28 mars, *le Déserteur — les Sabots* ;
le 29 — *la Dot — Alexis et Justine* ;
le 30 — *Nina — l'Ami de la maison* ;
le 31 — *Tom Jones — le Droit du seigneur* ;

et, le 3 avril, *le Comte Albert* suivi de *Blaise et Babet*, deux des opéras les plus en vogue de la Comédie Italienne.

Un répertoire beaucoup plus important avait été annoncé et, à son grand désappointement, le public lillois dut se résigner à ne pas entendre *Azémia, Annette et Lubin, la Rosière de Sálenci, Aucassin et Nicolette, Rose et Colas* et *le Tableau parlant.*

A ce voyage, les deux acteurs reçurent un accueil particulièrement flatteur qui mérite d'être rapporté. Dès la première soirée, l'enthousiasme déborda et bientôt les pièces de vers d'arriver en foule ; en voici deux, choisies parmi les moins plates, c'est tout dire:

A MICHU

De la nature amant fidèle,
Tu parviens même à l'embellir;
Ton talent, varié comme elle,
Toujours sera l'écueil ou le modèle
Des rôles que toujours, toi seul devrait remplir !

A L'INIMITABLE DUGAZON

Soit la fille d'Edwin, soit Agathe, soit Sophie,
Babet Desvigne ou Babet en sabots
Toujours tu nous parais nouvelle et plus jolie.
De tes cris douloureux fatiguant les échos,
Quand, par l'accent le plus doux, le plus tendre,
Nina, tu peins tout l'excès de tes maux,
Jouis des pleurs que tu nous fais répandre.
Il est si doux de s'enflammer,
Que dans ta plaintive démence
Le cœur veut se laisser charmer.
Va plaire encore aux rives de la Seine,
Inimitable Dugazon!
Quand tu retrouves la raison,
Pour toi chacun craint de perdre la sienne.

La soirée du 3 avril, la dernière de la saison, fut un véritable triomphe pour les deux artistes. Rézicourt, le directeur, s'était chargé du discours de clôture; il fit une allusion pleine d'à-propos à l'accueil des Lillois et à cette représentation d'adieu qui avait été très brillante.

Avant de quitter Lille, Michu et Mme Dugazon acceptèrent l'invitation que leur avait adressée un de leurs admirateurs. Ce Lillois, ami des arts, avait organisé une petite fête intime dont le compte-rendu est parvenu jusqu'à nous. Une compagnie choisie était rassemblée autour d'une table bien servie : « Le repas a été fort gai, écrivait le rédacteur des *Feuilles de Flandre*, les deux inimitables artistes y ont paru aussi aimables que sur la scène. » Au second service, on offrit, aux deux comédiens, un rameau de laurier. Un convive, une dame, se leva et, s'adressant à Michu, lui chanta sur l'air langoureux de Dalayrac : « *Vous qui d'amoureuse aventure* », le couplet suivant :

Vous qui, pour égayer la Flandre,
Sacrifiez tous vos loisirs,
Qui venez de nous faire entendre
Tout ce que peut l'art des soupirs,
Michu, cher Michu, venez, venez sans cesse,
Soyez toujours, soyez constant à vos amis,
Perpétuez leur douce ivresse } *bis.*
Et que nos cœurs en soient le prix. }

Puis un « aimable cavalier » vint à son tour, sur le même air, assurer Mme Dugazon que les Lillois appréciaient son talent tout autant que les Parisiens :

Toi qui pour le bonheur de Lille,
Un moment a fait les plaisirs,
Qui possèdes l'art difficile
D'exciter de nouveaux désirs.

> Tu pars, Dugazon, ah ! reviens, reviens sans cesse,
> Tu dois un peu, tu dois à tes nouveaux amis ;
> Ils ont applaudi ta finesse, ⎰ *bis.*
> Quoiqu'ils ne soient pas de Paris. ⎱

La charmante actrice se montra paraît-il, très sensible à cet hommage ; aussi l'un des assistants la pria-t-il d'entendre un quatrain, jeté sur la scène à la dernière représentation de *Nina*, et qui n'avait pas été lu en public :

> Dans *Nina*, belle Dugazon,
> Avec toi mon cœur est en scène.
> Mais quand tu reprends ta raison
> Je ne recouvre plus la mienne.

Et comme Mme Dugazon se confondait en remerciements, le traître en profita pour lui débiter galamment cet impromptu :

> Il t'était réservé, charmante Dugazon,
> De ramener ici le goût et l'art de plaire,
> Empressé de te voir, j'en perdrais la raison
> Si tu me permettais d'être un peu téméraire.

Le chroniqueur ne dit pas si « la charmante Dugazon », habituée à en entendre bien d'autres, accorda la permission demandée.

On se sépara en se donnant rendez-vous, pour une occasion très prochaine, mais malgré la promesse de revenir bientôt, sept ans s'écoulèrent avant que Michu et Mme Dugazon reparussent sur la scène lilloise, et encore, vinrent-ils séparément, l'un, en septembre 1797, et l'autre, au mois d'octobre.

Combien ils étaient changés tous deux !

Michu était vieilli et fatigué, lui si frais, si rose autrefois et dont les traits efféminés avaient provoqué plus d'une aventure plaisante. Il allait reprendre bientôt la direction de Rouen, et y finir d'une façon tragique, après bien des revers.

Mme Dugazon, elle, avait perdu la grâce qui captivait tous les cœurs. Ah ! ils étaient loin les beaux jours de *Blaise et Babet*, d'*Alexis et Justine*, et de *Nina !* Après avoir tenu vingt ans les rôles de jeune chanteuse qui portent son nom, elle avait dû aborder ceux qu'on appelle encore de nos jours les « mères dugazon. » Les Lillois assistèrent étonnés à cette transformation. Mais le talent de cette chanteuse incomparable, de cette comédienne accomplie, était tel, qu'elle avait su triompher d'obstacles inattendus et trouver les mêmes succès dans une nouvelle incarnation.

DEUX FUTURES DÉESSES RAISON

Mlles CANDEILLE et MAILLARD.

———

Les femmes de théâtre jouèrent un rôle pendant la Révolution. Ce rôle, il est vrai, se borna le plus souvent aux
relations aimables que les plus jolies d'entre elles nouèrent
avec les hommes politiques en vue. Elles ornaient de leur
présence, embellissaient de leurs grâces ces assemblées
républicaines qui, sans elles, auraient manqué de charme ;
plus d'une, par ce moyen, détourna les soupçons et sauva
sa tête.

Parmi ces fêtes, celles que l'on célébra en l'honneur du
culte de la Raison viennent en première ligne ; l'histoire a
conservé les noms de ces belles filles, qui, pendant quelques
jours, remplacèrent la divinité sur les autels consacrés. Pour
nous en tenir à Paris seulement, on en cite cinq, parmi lesquelles quatre appartinrent à l'Opéra : c'étaient Mlles Maillard,
Saulnier, Aubry et Candeille [1]. Cette dernière se défendit,

---

1 La cinquième, qui vivait en dehors du monde du théâtre, était Sophie
Momoro, femme de l'imprimeur-libraire jacobin.

plus tard, d'avoir jamais participé à ces sacriléges ; sa protestation fut rendue publique par la lettre que publia, le 7 juin 1817, le *Journal des Débats*. Le fait avait été rapporté dans le *Nouveau Tableau de Paris* : il n'avait rien d'invraisemblable, car Julie Candeille était une merveille de beauté et ses relations avec Vergniaud ont permis aux continuateurs de Mercier de passer outre et de la maintenir parmi les comédiennes déesses de la Raison.

Mlle Candeille était bien connue des Lillois ; elle avait fait deux fois le voyage de Lille et lors de son passage, en 1787, avait été l'objet d'une réception des plus enthousiastes, en même temps que des plus flatteuses. Voici, pour en juger, dans quels termes la critique lilloise appréciait sa personne et son talent : « Une taille de nymphe, une figure charmante, une » voix faite pour pénétrer les cœurs, une sensibilité vraie, un » air noble et décent, un front toujours prêt à rougir, enfin tout » ce qui touche réuni à tout ce qui plait. Tragédienne et comé- » dienne estimable, c'est de plus une cantatrice très intéres- » sante, elle touche le forte-piano avec tant de légèreté que les » sons qu'elle sait tirer de cet instrument imitent les gazouille- » mens les plus enchanteurs et ont autant d'expression que les » plus belles voix» [1].

---

[1] Il est curieux de rapprocher de ces éloges flatteurs l'appréciation du baron Grimm, eu 1785 : « C'est l'ensemble d'une belle femme, mais le visage n'est que » joli, peut-être même les traits en sont ils trop mignons relativement à sa taille » qui, au théâtre du moins, parait au-dessus de la taille ordinaire. Elle a le front » fort grand, les sourcils si fins qu'on les aperçoit à peine, les narines relevées et » trop découvertes, la bouche relativement petite, mais le plus beau teint qu'il » soit possible de voir, la tête parfaitement placée et de très beaux bras quoiqu'un » peu longs. Sa voix est distincte et sonore, mais grosse et sèche, sans inflexion » et sans éclat : c'est le tintement monotone d'une cloche... »

Si vous n'avez pas vu le Parnasse et Cythère,
    Suivez Candeille. Elle vous mènera
A Cythère, l'Amour la prendra pour sa mère
Ou pour sa sœur, et vous introduira.
Au Parnasse, Apollon pour muse la prendra
    Et vous offrant son sanctuaire,
    Sous ses auspices vous fera
    Et bonne mine et bonne chère.
Peut-être encor qu'à Pallas la sévère
De faire un doigt de cour le désir vous prendra,
Suivez encor Candeille, elle vous conduira.
    C'est son élève la plus chère.
    Enfin partout où l'on verra
Et charmes et talens avec sagesse austère
    Et partout où l'on prisera
Le don d'être estimable avec le don de plaire,
Accompagnez Candeille, on vous accueillera.

—

Julie Candeille avait vingt ans; elle avait débuté avec éclat à la Comédie-Française à dix-huit, dans les emplois de « grandes princesses ». Ce sont ces mêmes rôles qu'elle interpréta sur notre scène dans *Tancrède, Hypermnestre, la Veuve de Malabar, Zelmire, Didon, Mahomet, Gaston et Bayard*.

Pendant son séjour à Lille, Monvel, avec qui elle donna quelques représentations, reconnut ses qualités dramatiques et l'apprécia à sa juste valeur; il joua même à son bénéfice *Mahomet* et *la Feinte par amour*. La salle était comble; des vers furent adressés aux deux interprètes, auxquels on prodigua fleurs et couronnes; les pièces suivantes, jetées sur la scène en façon de billets, furent lues au public et saluées par les applaudissements unanimes:

O MONVEL !

La méthode avant toi semblait guider l'acteur
Sur une ligne exacte et simplement tracée ;
Mais toi, moderne Prométhée,
Tu dérobes aux cieux ce talent créateur,
Ce feu divin, dont ton âme embrasée
Rectifie à son choix et transmet la chaleur.
En ces lieux tout se vivifie
Au gré de tes accens flatteurs,
Il n'est point de portrait dont ton goût ne varie
Ou ne nuance les couleurs.

—

A Mlle CANDEILLE.

Si la seule beauté quelquefois nous engage,
Les grâces sans beauté nous charment plus longtemps,
Sans grâces, sans beauté, les arts et les talens
Du public éclairé ravissent le suffrage.
Taille élégante et séduisant langage,
Portent toujours le trouble dans nos sens.
Candeille réunit ces charmes différens,
Candeille est à la fois le plus parfait ouvrage
De l'Amour et du dieu qui préside aux talens,
Apollon enchanté de ses succès brillans,
Pour sa fille chérie a fait cette couronne,
Qu'avec ravissement aujourd'hui il lui donne
Par les soins de Monvel, l'aîné de ses enfants.

Candeille fut fêtée avec transports pendant tout le cours des
représentations ; la muse lilloise ne la ménagea pas : on en
peut juger par les échantillons ci-dessus, qui ne sont que les

plus courts et les moins élogieux. Une pièce que nous possédons et qui commence ainsi :

> Quoi donc, jeune et simple Emilie,
> De cent adorateurs enchatnés sous ta loi,
> Pas un ne t'offrira des vers dignes de toi !...

ne compte pas moins de soixante vers et ne fait, pas plus que les autres, il faut bien l'avouer, hélas ! grand honneur à la poétique lilloise.

Indépendamment de ses représentations dramatiques, Mlle Candeille prêta son concours au Concert des Abonnés, où elle exécuta une sonate pour piano-forte et chanta quelques *arie*, à la mode italienne. Pour la remercier avant son départ, on donna un concert à son bénéfice.

D'où venait l'accueil fait à Candeille, car la jeune artiste n'avait pas encore donné ici la mesure de son talent qu'on l'avait déjà portée aux nues. Le public lillois s'est intéressé de tout temps aux vocations artistiques, aux débuts pleins de promesses, surtout lorsque ces talents naissants ont quelque attache locale. C'était le cas de Mlle Candeille : son père était né à Estaires et avait fait son éducation musicale à Lille, comme enfant de chœur, à la maîtrise de la Collégiale Saint-Pierre ; cette institution, renommée dans toute la Flandre, formait des élèves qui souvent devenaient des maîtres. Il n'en fallut pas plus pour doubler l'intérêt que l'on porte à la fille d'un concitoyen. Candeille père était un musicien de grand talent, un compositeur de mérite, qui eut le bonheur de rencontrer chez sa fille des dispositions et une aptitude extraordinaires. Julie toucha à tout ce qui se rattache à l'art lyrique : le chant, la danse, la composition ; virtuose, elle exécutait avec talent les œuvres de son père et celle des grands maîtres; elle fut même auteur dramatique et le succès de *Catherine ou la belle Fermière* lui survécut.

Mlle Candeille reparut sur notre scène en 1796, le **22** novembre (2 frimaire an V), dans un concert avec Garat. Elle y interpréta une scène de *Didon*, un concerto de piano de Dussek et une sonate de sa composition ; elle n'y chanta pas la romance: *Je t'aime tant*, que Fabre d'Eglantine écrivit pour elle et dont Garat composa la musique ; mais celui-ci, aux *brava !* d'un public quelque peu aristocrate et muscadin, chanta l'air des *Visitandines : Enfant chéri des dames*, qui avait fait sa réputation.

———

Passons à Mlle Maillard.

> Mais quelle est la beauté dont les sons enchanteurs
> Electrisent nos sens, enflamment tous les cœurs?
> Maillard est-elle Muse, ou bien est-ce une Grâce?

C'était, paraît-il, une superbe créature dont les attitudes sculpturales ravissaient les adorateurs. Ex-danseuse à l'Opéra, où elle avait débuté comme chanteuse, dix ans avant les orgies de Notre-Dame, elle, du moins, n'a jamais protesté d'avoir reçu les hommages d'un peuple en délire et un encens « réservé à la divinité. » Quand elle vint à Lille, en avril 1792, elle était âgée de vingt-sept ans et mère de cinq enfants,

attribués au compositeur Berton. Accompagnée de Chardini, de l'Académie de musique, « tous deux ont clôturé la bien mesquine année théâtrale ; ils ont obtenu tous les couronnemens, tous les applaudissemens que leurs sublimes talens ont justement inspirés. [1] »

La municipalité avait pris des mesures pour qu'il ne soit pas délivré plus d'un certain nombre de places. En autorisant le tiercement, le tribunal de police le limita, pour les loges, à sept représentations et à charge de ne distribuer des billets de parterre que pour 600 personnes, avec défense, « sous telle peine qu'il appartiendra », de dépasser ce nombre.

Les deux artistes eurent le plus grand succès et, comme toujours, on eut recours, pour le célébrer, au langage des dieux ; on adressa ce quatrain à Mlle Maillard :

> Au charme de la voix, unissant la beauté,
> D'un vernis délicat tu couvres l'imposture,
> Tu séduis sans effort, et le cœur transporté
> Doute encore si c'est l'art ou si c'est la nature.

Quant à Chardini, on le gratifia d'un semblable compliment.

—

Que devinrent ces divinités ?

Julie Candeille, dont plus d'un farouche conventionnel avait brigué les faveurs, épousa, en 1794, un médecin qui bientôt la laissa veuve ; elle se remaria à un riche carrossier

---

[1] *Gazette du département du Nord.*

de Bruxelles, venu à Paris pour mettre opposition au mariage de son fils avec Mlle Lange. En troisièmes noces, elle épousa le directeur du Musée de Nîmes et mourut à 67 ans.

Quant à Mlle Maillard, dont la liste d'adorateurs est très longue, elle resta à l'Opéra jusqu'en 1813, et créa chez elle un salon qui fit courir tout Paris.

———

UN COMÉDIEN PATRIOTE

DUGAZON

Ce type n'était pas rare; on le rencontrait aussi bien dans
la capitale qu'en province. Chaque troupe, et celle de Lille
n'échappa point à cette mode, comptait au moins un de ses
membres qui se faisait remarquer par son zèle à propager les
idées nouvelles et à célébrer les bienfaits du nouveau régime.
On ne voyait que lui aux fêtes républicaines, on n'entendait que
lui dans les parlotes, les clubs, les assemblées populaires. Il
pérorait partout, à la ville et au théâtre.

Parmi divers spécimens du genre, celui qui eut le plus
d'accueil chez nous fut l'acteur Dugazon. Lille, où il était fort
connu, lui offrait un champ propre à stimuler son ardeur
patriotique; les circonstances le servirent d'une façon excep-
tionnelle et le collègue de Desmoulins et de Danton put
montrer, chez nous, son activité et son esprit d'à-propos

Dugazon, dont le vrai nom était Gourgaud, avait par sa mère
du sang lillois dans les veines. Son père, comédien de province, de bonnes manières et fort goûté, s'était marié à Lille
sur la paroisse Saint-Étienne, en 1734; il avait, dans la suite,
débuté sans succès à la Comédie-Française et, après avoir

quitté le théâtre, était mort en 1774, directeur des hôpitaux de l'armée d'Italie.

La première visite de Dugazon à Lille remonte au mois de mars 1780; il y vint, en compagnie de Fleury et de M⁣ᵐᵉ Julien, faire la clôture de l'année théâtrale. Rien de particulier à ces représentations qui eurent le succès habituel, si ce n'est que les directeurs demandèrent l'autorisation de jouer la nuit de la clôture, c'est-à-dire pendant celle du samedi 18 au dimanche 19 mars, jour des Rameaux, le théâtre fermant ses portes pendant la semaine sainte. Cette autorisation leur fut refusée.

Dugazon ne revint que dix ans après, en 1790. A cette époque, de grandes choses s'étaient accomplies : membre actif du club des Cordeliers, il devait se faire connaître à Lille, sous un jour tout nouveau. Il était accompagné de M⁣ᵐᵉ Devienne, et tous deux avaient été engagés par Rézicourt pour donner huit représentations, du samedi, veille du dimanche de la Passion, de cette même année 1790, jusqu'au samedi suivant. Leur répertoire devait être ainsi composé : *le Barbier de Séville, le Mariage de Figaro*, quelques proverbes, *le Dissipateur, Amphytrion, le Roi de Cocagne, les Fourberies de Scapin, le Grondeur, la Nouveauté, les Vendanges de Suresnes, les trois Sultanes, la fausse Agnès, le Mercure galant, le Français à Londres, la Partie de chasse*.

Malheureusement le 20 mars, lors de la première représentation, on jouait *la fausse Agnès* et *le Grondeur*, Dugazon, qui remplissait le rôle de L'Olive dans cette pièce, à la fin de la scène du 2ᵉ acte, se foula le pied et ne put continuer. On le ramena à son domicile et Rézicourt, « oubliant ses intérêts lorsqu'il s'agit de satisfaire le public, » partit sur-le-champ pour Paris, afin d'engager Dazincourt ou tout autre acteur.

Cette démarche ne réussit qu'en partie : le directeur revint avec Mlle Fleury, et les représentations continuèrent les 24, 25, 26 et 27, jour de la clôture, où il prononça avec « une modeste assurance » le compliment habituel [1]. « On a remarqué, disait un journal lillois, que par suite de cette modestie il s'est tu sur les torts particuliers que tant d'événements contraires lui ont fait éprouver pendant son année théâtrale et en dernier lieu sur le malheur arrivé à M. Dugazon, pour ne plaindre que cet acteur. Il a donné au public l'espoir, en terminant son discours, de le revoir bientôt. « Je ne vous rappellerai pas, » Messieurs, a-t-il dit, la perte d'un talent si précieux, si je » n'étais persuadé qu'on s'empressera sans doute à lui offrir » l'occasion de la réparer bientôt et si je n'étais, à cet égard, » l'interprète du désir et des sentiments de M. Dugazon. »

L'accident de Dugazon le tint trois mois ; pour remplir la promesse faite en son nom, il ne voulut pas quitter Lille sans donner quelques représentations, qui eurent lieu du 5 au 20 juin.

Le 5, *les Fourberies de Scapin.*

Le 7, *le Mercure galant.*

Le 12, *le Marquis de Saint-Cabri ou la Matinée des jeunes gens,* proverbe en 2 actes, dans lequel il joua quatre rôles différents : Beaucoton, Retape, Patou et Barcereau.

---

[1] Voici le détail de ces représentations de la Semaine de la Passion, qui étaient toujours fort courues et qui attiraient chaque année un grand nombre de spectateurs. Le 21 mars, lendemain de l'accident de Dugazon, Mlle Devienne joua *le Bourru bienfaisant* et *le Mari retrouvé;* le 24, Mlle Fleury étant arrivée, on joua *Tancrède* et *la Partie de chasse;* le 25, *Hypermnestre* (Mlle Fleury) et *le Barbier de Séville* (Mlle Devienne, *Rosine*); le 26, *l'Orphelin de la Chine;* le 27, *Zaïre* (Mlle Fleury et un amateur de la garnison, M. Lion, soldat au régiment Royal des Vaisseaux, *Nérestan*), *la Nouveauté* (Mlle Devienne) et *le Tableau parlant* (Mlle Fleury).

Le 17, *la Caque sent toujours le hareng*, proverbe.

Le 20, *le Roi de Cocagne*.

Dans ses représentations des 12 et 17, il produisit un élève qu'il avait formé à Lille et qui joua *Iphigénie* (Oreste) et *Tancrède*.

Mais la politique devait retenir Dugazon quelques jours de plus sur les bords de la Deûle.

Le 6 juin 1790, eut lieu à Lille, au Champ-de-Mars, le serment fédératif. Nous avons raconté ailleurs [1] la part active que notre comédien prit à cette fête patriotique. Pour célébrer cette cérémonie dont les écrits du temps ont consacré le souvenir perpétué aussi par nos artistes lillois, Dugazon chanta au Théâtre, le lendemain, au cours du *Mercure galant*, des couplets de circonstance.

Les 27 et 28 juin, Dugazon assista aux fêtes données par les volontaires de la garde nationale de Lille, aux quatre régiments de la garnison. Au banquet qui eu lieu le lundi, sur l'Esplanade. comme la veille, et qui réunissait 5 à 6,000 citoyens, Dugazon s'étant présenté à la table de MM. les chefs, « la joie a paru s'y ranimer. » Il y chanta aussi et fut fort applaudi.

Les applaudissements redoublèrent lorsque Dugazon eut fini; on l'invita à chanter encore, il ne se fit pas prier et répéta les couplets qu'il avait chantés la veille, à la même table. On le fêta de nouveau et de nombreux toasts furent portés en son honneur; c'était du délire.

« Cet artiste n'a peut-être jamais été plus intéressant; transporté des sentiments flatteurs qu'on s'empressait de lui

---

1. *Un chapitre de l'Histoire du Théâtre de Lille*, pp. 29-31.

témoigner, sa lyre s'est montée, sa verve s'est échauffée au point qu'à chacune des santés, il a chanté des couplets impromptus analogues à la personne à qui elle était portée.»

Tout finit par des chansons; c'est de cette façon que Dugazon devait faire ses adieux aux Lillois, adieux définitifs, car les hasards de la vie de théâtre ne devaient plus le ramener à Lille.

Le zèle qu'il avait montré à l'aurore de la Révolution se refroidit peu à peu et le calme succéda à l'agitation. Les événements qu'il avait vu se dérouler lui avaient ouvert les yeux; peut-être aussi la prudence modéra-t-elle ses transports. Dugazon resta, ce qui était préférable, l'acteur goûté du public et crut plus sage de laisser la politique en chemin.

Il quitta le théâtre en 1809, sa santé étant fort altérée; il mourut trois mois après sa représentation d'adieux.

Il avait épousé, en 1776, une jeune artiste, Rose Lefèvre, chez laquelle il avait rencontré des qualités scéniques extraordinaires, et qui avait d'abord été son élève, mais dont le caractère était incompatible avec le sien; nous avons relaté ci-dessus ses succès à Lille. Après quelques années de mariage, ils se séparèrent et, à la Révolution, recoururent au divorce.

UN VAINQUEUR DE LA BASTILLE

L'acteur BEAULIEU

———

Un autre comédien patriote, plus convaincu peut-être, est l'acteur Beaulieu. Ce n'était ni un homme de sang comme Collot d'Herbois, ni un énergumène comme Dugazon, ni un novateur comme Talma ; Beaulieu était le type du philanthrope, de l'homme sensible, de l'ami de la nature, — en un mot, un véritable disciple de Jean-Jacques.

Beaulieu était noble ; il s'appelait Jean-François de Brémond de la Rochenard. Parisien et fils d'un employé aux Fermes, il avait reçu de l'instruction et se destinait sans doute à une carrière appropriée à sa condition, mais il éprouva pour le théâtre un attrait irrésistible. Après quelques années passées en province, il débuta au Théâtre des Variétés-Amusantes ; il y eut du succès ; ses rôles favoris étaient ceux des niais, des amoureux comiques et des paysans. Avec la Révolution, son

patriotisme éclata : le 14 juillet 1789, il prit part au mouvement populaire et concourut à la prise de la Bastille ; son
nom figure sur le tableau des Vainqueurs conservé aux
Archives nationales. A la suite de cette victoire, il fut nommé
lieutenant dans la première compagnie du bataillon Saint-
Honoré.

Là ne devait pas se borner son rôle; à son titre de patriote
il brûlait d'ajouter celui d'ami de l'humanité. Les frères Agasse
avaient été exécutés comme faux monnayeurs, et, en janvier
1790, l'Assemblée nationale ayant décrété l'abolition des peines
infamantes, le district Saint-Honoré résolut d'envoyer une
députation à la famille des condamnés, et de lui faire les
honneurs de la séance ; au cours de celle-ci, Beaulieu donna
sa démission d'officier, en demandant que son grade fût confié
au jeune frère des condamnés. Ce beau mouvement eut,
dans toute la France, grâce aux gazettes, un retentissement
énorme, d'autant plus que Beaulieu reçut en séance les félicitations de la municipalité de Paris et que l'abbé Mulot
prononça un discours en son honneur. Il fut parlé de cette
séance au *Moniteur*, à plusieurs reprises, en janvier et en
février 1790.

Le 24 décembre 1789, l'Assemblée nationale rendit aux
comédiens et aux juifs leurs droits civils et politiques, après
de vifs débats qui durèrent quatre jours, du 21 au 24, et
auxquels prirent part Rœderer, qui avait soulevé la question, le
comte de Clermont-Tonnerre, l'abbé Maury et d'autres ora-
teurs. A l'ouverture de la séance du 24, le président lut une
lettre que venaient de lui adresser les Comédiens du Théâtre
de la Nation, lettre qui provoqua une violente diatribe de
l'abbé Maury contre les comédiens, suite d'un rappel à

l'ordre [1]. Le même jour, l'Assemblée décrétait que : « Il ne

---

1. Voici cette lettre :

« A Monsieur le président Desmeuniers.

Paris, ce 24 décembre 1789.

» Monseigneur,

» Les Comédiens ordinaires du Roi, occupant le théâtre de la Nation, organes et dépositaires des chefs-d'œuvre dramatiques qui sont l'ornement et l'honneur de la scène française osent vous supplier de vouloir bien calmer leurs inquiétudes. Instruits par la voix publique qu'il a été élevé, par quelques opinions prononcées dans l'Assemblée nationale, des doutes sur la légitimité de leur état, ils vous supplient, Monseigneur, de vouloir bien les instruire si l'Assemblée a décrété quelque chose sur cet objet, et si elle a déclaré leur état incompatible avec l'admission aux emplois et à la participation aux droits des citoyens. Des hommes honnêtes peuvent braver un préjugé que la loi désavoue, mais personne ne peut braver un décret ni même le silence de l'Assemblée nationale sur son état. Les Comédiens français, dont vous avez daigné agréer l'hommage et le don patriotique (un don de 23.000 livres agréé quelques semaines auparavant), vous réitèrent, Monseigneur, et à l'auguste Assemblée, le vœu formel de n'employer leurs talens que d'une manière digne de citoyens français et ils s'estimeraient heureux si la législation, réformant les abus qui peuvent s'être glissés sur le théâtre, daignait se saisir d'un instrument d'influence sur les mœurs et sur l'opinion publique.

» Nous sommes, etc.   » Les Comédiens ordinaires du Roi,

» Dazincourt, secrétaire. »

Lorsque l'Assemblée nationale eut rendu son décret, le Comité du Théâtre-Français en avisa les principaux théâtres de province. Le nôtre avait alors à sa tête le directeur Rézicourt, qui était en rapports fréquents avec les Comédiens du Roi, et qui répondit à cet avis par la lettre suivante, dont je dois la communication à l'obligeance de M. Monval, archiviste de la Comédie-Française :

» Lille, le 8 janvier 1790.

» Messieurs,

» Votre lettre à Monsieur le Président de l'Assemblée nationale exprimoit le vœu de tous les Comédiens ; vos sentiments étoient les nôtres. Nous avons partagé votre inquiétude, et, comme vous, nous sentons vivement ce que les Comédiens doivent au Décret qui les maintient dans leurs droits. Nous vous remercions, Messieurs, de l'honnêteté que vous avez de nous en faire part ; elle nous flatte surtout parce qu'elle est le gage d'une confraternité qui nous sera toujours précieuse.

» Nous avons l'honneur d'être très parfaitement, Messieurs,

» Vos très humbles et très obéissants serviteurs,

» Les Comédiens de la ville de Lille.

» Rézicourt, directeur. »

» pourra être opposé à l'éligibilité d'aucun citoyen d'autres » motifs d'exclusion que ceux qui résultent des décrets » constitutionnels. »

Ce décret devait provoquer chez Beaulieu un nouvel accès de générosité. A la suite de la séance de la municipalité de Paris, où il confirma l'abandon de son grade en faveur du fils Agasse, il publia une lettre insérée au *Moniteur*, et dans laquelle il disait : « Je n'étais rien, lorsqu'un de vos décrets a relevé mon âme et m'a donné le droit d'être quelque chose. » Puis il abandonna, a titre de don patriotique, trois années d'une pension de 400 livres que ses directeurs lui avaient souscrite. Ce fut le héros du jour et pendant longtemps les journaux parlèrent de sa philanthropie.

L'année suivante, Beaulieu quitta le Palais-Royal et se prépara à visiter la province. C'est ici que commence le rôle de la presse, dont il avait deviné la puissance et dont il se servait habilement ; il savait de quel secours elle lui pouvait être.

Le *Moniteur* et Gorsas, dans son *Courrier des départements*, annoncèrent en ces termes, *urbi et orbi*, son départ pour la province :

Cet estimable acteur et honnête père de famille qui, la marote à la main amène le rire au théâtre, retourne ensuite verser des larmes de bienfaisance dans le sein d'une mère qui devine à ses caresses des sons que la privation du plus précieux des sens l'empêche d'entendre ; qui seul, sans autre fortune que ses talens, sans d'autre appui que des actes doux et aimables a établi un frère, élevé, soutenu ses sœurs auxquelles il prodigue encore le fruit de ses veilles avec cette délicatesse qui donne un prix si touchant aux bienfaits. Voici le motif de ses voyages : un frère qu'il avait établi et cautionné laisse en mourant une veuve à soulager, une fille de dix ans à élever et des obligations pécuniaires à acquitter. C'est pour remplir tous ces devoirs qu'il s'est déterminé à profiter des offres avantageuses qu'on lui a faites dans plusieurs villes du Royaume. Les directeurs de spectacles dans les différents départemens s'empresseront sans doute de faire jouir le public du talent de M. Beaulieu. Son nom est son plus bel éloge et il sera reçu partout avec l'intérêt qu'il inspire.

On ne met pas plus habilement le public au courant de ses petites affaires et la réclame faite de nos jours en faveur de certains artistes n'est pas mieux comprise.

Beaulieu partit ; il gagna d'abord Bruxelles où une réception imprévue l'attendait. La capitale du Brabant était pleine d'émigrés qui empêchèrent le vainqueur de la Bastille de donner ses représentations. De là il se rendit en Hollande ; il s'était muni entre temps d'une lettre de La Fayette, pour opposer le témoignage du général de la garde nationale de Paris aux calomnies répandues sur le compte de l'ancien lieutenant. Beaulieu publia la lettre dans les journaux d'Amsterdam. Il alla ensuite à Francfort, où il fut peu goûté, puis il rentra en France ; en juin 1791, il était à Lille.

La Gazette du Département du Nord annonçait ainsi son arrivée :

M. Beaulieu, acteur du Théâtre du Palais-Royal de Paris. — Depuis quelques jours le public s'empresse d'aller prodiguer ses justes applaudissemens à ce citoyen vertueux, si connu par son patriotisme. Comme acteur il est précieux aux amateurs de théâtre par le genre de talent qui lui est propre et dont il n'a trouvé nulle part ni le modèle ni l'imitation. On se rappellera sans doute que nous avons déjà parlé de M. Beaulieu avec éloges à l'occasion de son dévouement pour la malheureuse mais vertueuse famille des frères Agasse. On a lu, il y a quelques semaines, les tracasseries que lui ont suscité les réfugiés françois à Bruxelles. La *Gazette universelle* nous apprend que les lâches l'ont poursuivi jusqu'à Amsterdam ; mais, bien loin de lui avoir nui, ces petitesses ont rehaussé l'intérêt que les honnêtes gens prennent à voir ce galant homme.

La *Gazette* n'indique pas les pièces que Beaulieu joua, ni le nombre de ses représentations ; en revanche, elle publia, quelques jours après, la pièce de vers suivante écrite en l'honneur du comédien, où l'amour de la liberté se fait sentir jusque dans la mesure :

A M. DE BEAULIEU

Te perdre sans t'avoir vu, Beaulieu, c'est un malheur.
    Nous avons vu tes talens au théâtre
  Mériter les transports du public idolâtre
    Qui te regrette avec douleur.
Nous, nous avons connu tes vertus, ton bon cœur,
Et c'est là ce qui gagne une amitié sincère,
  Bon fils, bon ami, bon citoyen, bon père [1],
    (Car tes proches sont tes enfants)
    L'estime des honnêtes gens
    Sera ton prix et ton salaire.
Nous laissons à loisir les autres t'admirer,
    Il est toujours bon qu'on admire.
Mais pour nous, ton départ nous fera plus pleurer,
    Que tes talens ne nous auraient fait rire.

---

[1] Comme le prouve, du reste, le vers suivant, Beaulieu n'était pas marié à cette époque ; l'article du *Moniteur* parlait de lui comme « un honnête père de famille », mais ce journal fit suivre ces mots d'une note ainsi conçue: « Personne ne » mérite plus le titre de père de famille qu'il s'est lui-même donné. On lui » disait un jour: Vous êtes marié, Beaulieu ? — Oui, dit-il, avec ma mère, une » demi-douzaine de sœurs, de nièces, etc. »

De Lille, Beaulieu alla à Metz, à Strasbourg, Nantes, Orléans, etc., et partout on fêta le vainqueur de la Bastille, partout il pérora dans les clubs, où son titre de membre des Jacobins lui donne ses grandes entrées.

En octobre 1792, il est de retour à Paris et, quelques mois après, crée au Théâtre du Palais le type célèbre de Cadet-Roussel, dans une folie-parade qui obtint un immense succès. En 1795, il quitta de nouveau la capitale et se mit à parcourir la province pendant un an, se faisant une réclame de sa vertu et de son patriotisme d'antan.

Mais tout passe et tout lasse; la corde ne rendait plus les mêmes sons qu'autrefois. — Paris l'attire encore et, en 1797, il rentre au Théâtre de la Cité, où il aborde la tragédie. Quelle chute !

En 1801, comme il avait entrepris une nouvelle tournée en province, il passa une quinzaine de jours à Lille et y donna six représentations du 10 au 27 décembre. Il joua *le Soldat prisonnier*, *les Cent Louis*, *le Collatéral*, *l'heureux Quiproquo*, *le Sourd*, *les Conjectures*, *les deux Morts*. La représentation du 15 fut donnée « pour ses honoraires et à son bénéfice »; elle se composa des *Cent Louis*, de *Gulnare* et de la première du *Tombeau de Turenne ou le Général en chef Moreau à Salzbach*, fait historique du citoyen Bouilly. Des détachements nombreux de tous les corps de la garnison furent invités à donner à cette pièce toute « la pompe dont elle était susceptible » et le corps de musique de la 51me y exécuta des marches militaires.

Deux tentatives qu'il fit en 1805 pour ouvrir à Paris une agence dramatique et d'y prendre la direction d'un théâtre, échouèrent et plongèrent Beaulieu, l'ami de l'humanité, dans la plus noire misère. Il se suicida dans son domicile, le

26 septembre 1806, laissant une lettre dans laquelle il avait rédigé ses dernières volontés et énuméré les précautions à prendre pour sauvegarder ses effets, gages de ses créanciers. Par une dernière tentative de réclame, cet infortuné demandait dans un post-scriptum qu'on autorisât l'inscription et la vente, dans les salles de spectacle, de ses derniers adieux : « J'ai » besoin d'émouvoir la sensibilité pour obtenir des secours » pour ma femme et mes enfans. » Cette publicité posthume lui fut refusée ; *le Courrier des spectacles* seul inséra sa lettre.

Une représentation au bénéfice de sa veuve et de ses deux jeunes enfants fut donnée au Théâtre Picard sept mois après ; le résultat en fut presque nul.

Ingratitude des hommes, Beaulieu était déjà oublié !

La première de DON JUAN à Lille

10 octobre 1805.

Au mois d'octobre 1872, une œuvre admirable entre toutes tenait l'affiche du Théâtre de Lille. A chaque représentation, un public nombreux emplissait la salle et venait goûter cette musique divine : le *Don Juan* de Mozart.

Plusieurs générations avaient passé depuis que l'avis du 18 vendémiaire an XIV (lisez: 10 octobre 1805), annonçait au bénéfice d'une artiste, la première représentation de DON JUAN, DRAME LYRIQUE EN TROIS ACTES, MUSIQUE DE MOZART, ARRANGÉE PAR KALKBRENNER. PAROLES DE THURING ET BAILLOT. Le directeur Fémy avait préparé cet événement musical par la note suivante publiée dans les *Affiches et Annonces* : « Les beautés de ce sublime ouvrage sont assez connues par les éloges qu'en ont fait les journaux pour se dispenser d'en parler davantage. Vu la longueur de cet opéra, il sera donné seul. On commencera à six heures précises. »

A titre de curiosité, voici les noms des artistes qui créèrent *Don Juan* à Lille en 1805 : MM. Dorsan, Joseph, Delers, Forlis, Lejeune, M⁰⁰ Renel, Pradelles et Tostain, la bénéficiaire.

Ce n'était pas la seule musique de Mozart que nos pères entendaient, mais « un fatras harmonique, un bric-à-brac, un tohu-bohu dans lequel s'entassaient des éléments admirables » ; c'était là l'œuvre de Kalkbrenner et de ses deux complices Thuring et Baillot, qui, tout en protestant de leur profond respect pour le chef-d'œuvre qu'ils voulaient faire connaître, s'étaient bornés — ce sont eux qui l'ont avoué — à ne puiser dans la partition de *Don Giovanni*, que les fragments de musique dont ils recomposaient le *Don Juan* français. « Tous ces lambeaux, écrivait Castil-Blaze, avaient été déchirés, rajustés, lacérés, recousus, démolis, reconstruits, replatrés, badigeonnés, cela fait pitié. Le charmant livret de Da Ponte, ce chef-d'œuvre sans rival, avait été renversé de fond en comble, ainsi qu'on l'avait fait de la partition. Les situations dramatiques, le motif des scènes, leur agencement ingénieux, tout était changé, détruit, au point de ne plus s'y reconnaître.» Un seul morceau de l'ancienne partition était resté intact.... l'ouverture.

Plus heureux en 1872, les Lillois entendirent du Mozart tout pur ; quant au poème, le livret français ne le cédait en rien à l'italien. Le talent du poète Deschamps et l'habileté de Castil-Blaze en avaient fait une œuvre délicate et littéraire.

La direction avait réussi à s'entourer alors d'artistes vraiment dignes d'interpréter une pareille partition ; un baryton d'avenir, Aubert, chantait Don Juan ; Seran, jeune ténor à la voix très agréable, Don Ottavio ; Odezenne, une basse, qui excellait dans le genre bouffe, prêtait à Leporello un talent de comédien consommé; Mazetto, c'était Riquier-Delaunay. Quant à Mmes Verken et Barwolf, elles traduisaient avec passion les accents de douleur et de jalousie de Dona Anna et de Dona Elvire; Mme Balbi, cette remarquable artiste, apportait au rôle de Zerline une mutinerie pleine de naturel et de grâce.

Don Juan, fut accueilli alors comme une œuvre nouvelle, et eut un très grand succès.

Mᵐᵉ DESBORDES-VALMORE

Ceux qui savent que Mᵐᵉ Desbordes-Valmore est notre concitoyenne, ignorent généralement qu'elle fournit au théâtre une carrière de près de vingt ans, et que son talent se forma sur la scène lilloise.

Ces détails peu connus de la vie de cette femme célèbre à plus d'un titre, présentent assez d'intérêt pour qu'ils soient recueillis.

Marceline Desbordes naquit à Douai, le 20 juin 1786, au n° 32 de la rue de Valenciennes. Sa jeunesse fut très tourmentée : elle perdit son père fort jeune, partit à la Guadeloupe avec sa mère, qui y mourut, et en revint seule, orpheline et sans ressources, l'année suivante. Par suite de circonstances qui jusqu'aujourd'hui ne sont pas bien déterminées, la jeune Marceline entra au théâtre ; elle avait quinze ans. « Elle commença au Théâtre de Lille, dit Sainte-Beuve. Elle avait tout à apprendre ; à forces de veilles, d'études, d'économie industrieuses et de privations, elle suffit à la tâche. Ce ne fut point sans avoir de secrètes défaillances.»

C'est au cours de l'année théâtrale 1801-1802 qu'elle fut attachée à la troupe du Théâtre de Lille, alors dirigée par Desplasses. Par suite de la pénurie des journaux d'alors ou de leur mutisme sur les questions théâtrales, il n'est guère possible de trouver d'autres renseignements touchant les débuts de Mlle Desbordes à Lille que ceux qui ont été fournis à Sainte-Beuve : « On raconte qu'un jour elle tomba évanouie sur un escalier après un trop long jeûne et fut relevée par une camarade, sa voisine, accourue au bruit. Elle contracta, dès lors, une habitude de souffrance qui attendrit par la suite son talent, mais qui passa immédiatement dans tout son être. »

Après deux années passées au Théâtre de Lille, Marceline contracta un engagement avec la direction du Théâtre des Arts de Rouen qui était entre les mains de Granger, Desroziers et Borne ; l'année 1803-1804 était la troisième de leur association. Elle retrouvait à Rouen quelques-uns de ses camarades de Lille, qui l'avaient aidée dans ses débuts, entre autres Granger, le neveu du directeur, Huet, Estancelin et Mlle Duval. En février 1804, lors de la représentation d'un divertissement de circonstance, ayant pour titre la *Flottille*, pièce en un acte et en vers, mêlée de chant et d'évolutions militaires dans le goût du jour, Mlle Desbordes qui était aussi l'élève de Ledet, maître de ballets et ancien directeur du Théâtre de Lille, dansa une allemande.

A la suite d'une représentation à bénéfice clôturant avec succès l'année théâtrale, Marceline contracta un nouvel engagement avec les mêmes directeurs et son nom figure à l'emploi de jeune première, pour 1804-1805, dans la troupe de comédie du même théâtre. Elle s'essaya, en juin 1804, dans *la Jeune*

Prude, l'opéra de Dalayrac, création nouvelle, puis elle quitta Rouen en février 1805, pour débuter à l'Opéra-Comique.

Pendant son séjour à Rouen, elle avait été remarquée par Elleviou et Martin, au cours des représentations qu'ils y donnèrent en juillet et en août 1803. Frappés de la profonde intelligence de Marceline, de ses qualités scéniques, de son jeu naturel et vrai, les deux chanteurs du Théâtre Feydeau, à leur retour à Paris, en parlèrent à Grétry. « L'aimable maître, dit Sainte-Beuve, se chargea de l'éducation musicale de Mlle Desbordes. Dès qu'il l'eut vue, il lui porta un intérêt tout paternel et, touché de sa noble physionomie, tout empreinte de mélancolie, il l'appelait son petit roi détrôné ». Ce fut donc sous les auspices de ce compositeur qu'elle débuta, d'après ses conseils, dans son opéra de *Lisbeth*, et, pour second début, créa *Julie ou le Pot de fleurs*, le premier opéra français de Spontini. Ses protecteurs, Martin et Elleviou, furent enthousiasmés de la façon dont elle interpréta ce rôle. Le critique des *Débats* écrivait à ce propos : « Les deux rôles sont parfaitement joués : l'officier par Elleviou dont on connaît la vivacité et la grâce ; la nièce par Mlle Desbordes dont je ne connaissais pas encore le talent. Cette débutante m'avait échappé et ne méritait pas une pareille indifférence. Après Mlle Mars, il n'y a point d'ingénuités qu'elle n'égale ou ne surpasse. »

Entre temps, la nouvelle des succès de Mlle Desbordes était parvenue à Lille et reconnaissante des encouragements que lui avaient donnés les Lillois, la jeune actrice tint à revoir la scène où elle avait fait ses premiers pas. Elle revint à Lille et, le 22 juillet 1805 (3 thermidor an XIII) elle commençait une série de cinq représentations ainsi composée :

le 22, — *Lisbeth.* — *le Prisonnier.*
le 24, — *Adèle et Dorsan.* — *Une Heure de mariage.*
le 26, — même spectacle.
le 28, — *Une Heure de mariage.*
le 30, — *Paul et Virginie.*

En 1806, le directeur Jolly, dont le règne devait durer deux mois (mai-juin), la fait figurer sur son état de troupe, mais dans celui de son successeur Duverger, l'emploi de Mlle Desbordes est occupé par une autre artiste.

Par suite d'un engagement d'une année qu'elle contracta avec le directeur de Bruxelles, pour 1807-1808, Mlle Desbordes parut pour la première fois sur le Théâtre de la Monnaie, le 4 mai, dans *la Femme jalouse* et *une Heure de mariage* ; elle y interpréta le rôle de Constance qui avait été un succès à Lille, comme on l'a vu plus haut. Son emploi était celui des jeunes premières, ses appointements de 4.800 livres ; Huet, son camarade de Lille et de Rouen, faisait partie de la même troupe.

Après quelques pérégrinations, elle résolut d'abandonner le chant, vu la faiblesse de sa voix, et de se consacrer exclusivement à l'art dramatique, suivant en cela les conseils de ceux qui s'intéressaient à elle. Mlle Desbordes revint à Paris, se remit au travail, prit des leçons de Damas, du Théâtre-Français, et, le 29 avril 1815, débuta encore à l'Odéon dans la *Claudine*, de Florian ; elle réussit. Ses succès nombreux dans le drame, où sa nature vibrante trouvait l'émotion et les larmes, la firent attacher à ce théâtre jusqu'en 1815. Puis elle retourna à Bruxelles, où, pendant quatre ans, elle resta au Théâtre de la Monnaie, jouant les premiers rôles de comédie, aux appointements de 5.000 francs. C'est pendant cette campagne qu'elle connut Valmore, elle l'épousa en septembre 1817 ; il avait

15

débuté au même théâtre, au commencement de cette année-là, dans les rôles de comédie et de tragédie. Dès lors, elle prit le nom de Mme Desbordes-Valmore.

En 1819, Mme Desbordes publia son premier volume de poésies. Après avoir résilié l'engagement signé pour 1819-1820, elle quitta la Monnaie pour se rendre à Lyon avec son mari ; elle laissa à Bruxelles de vifs regrets, exprimés avec l'accent de la plus grande sincérité par la Commission royale et la presse.

Les deux artistes restèrent deux ans à Lyon, après quoi Mme Desbordes quitta le théâtre d'une façon définitive pour donner libre cours à ses goûts littéraires et publier les charmantes productions qui resteront longtemps encore les œuvres les plus exquises de la poésie française [1].

Si l'art dramatique français perdait une comédienne de talent, les lettres y gagnaient un poète plein de charme, de mélancolie et de tendre pitié. Mme Desbordes serait restée au théâtre une artiste quelconque, au souvenir presque effacé aujourd'hui, tandis que ses œuvres poétiques sont un titre de gloire qui laisse à son nom une durable célébrité.

---

1 Valmore, lui, n'avait pas dit a-lieu au théâtre, car, en 1846, il fut directeur en tiers de la Monnaie, avec Hanssens et Van Caneghem.

TABLE

DU MÊME

ET DANS LE MÊME FORMAT

Talma dans le Nord.

Le Théâtre de Lille il y a cent ans.

Un chapitre de l'Histoire du Théâtre de Lille.

Souvenirs de Théâtre d'un Lillois.

La Musique et les Beaux-Arts à Lille au XVIIIe siècle.

---

www.ingramcontent.com/pod-product-compliance
Lightning Source LLC
Chambersburg PA
CBHW051736090426
42738CB00010B/2287